www.ingramcontent.com/pod-product-compliance
Lightning Source LLC
Chambersburg PA
CBHW081148090426
42736CB00017B/3230

گنجینه رامین

دیوان اشعار

جلد سوم

پروفسور کاظم فتحی

مقدمه

کتابی که اکنون از نظر شما می‌گذرد بنام «گنجینه رامین» جلد سوّم اشعاری است که بچاپ می‌رسد. جلد اوّل بنام «دفتر آرزو» که بنام دخترم خانم دکتر آرزو فتحی (اخوان) و کتاب دوّم دیوان اشعارم بنام «پیام آرمان» که بنام پسر بزرگترم و این کتاب بنام پسرم رامین می‌باشد. اشعار این کتاب در امریکا سروده شده و بنده زیر فشار فکری و روحی زیاد بوده‌ام. یکی کار سرسام آور و مسئولیت‌های پزشکی فراوان و دیگری اخبار وحشتناکی که از ایران عزیزم هر روز بگوش می‌رسد و خود بخود انسان را تحت تأثیر تألمات مردم بی‌گناه و ستمدیده می‌نماید. البته در این کتاب سعی شده که غلطی نباشد ولی چنین ادعائی بعید بنظر می‌آید چون همه کتاب‌ها غلط‌های املائی و انشائی دارد ولذا از خوانندگان عزیز تقاضای پوزش دارم. به غیر از این سه جلد دیوان اشعار خودم یک کتاب بنام «کلید پنج گنج نظامی» نگاشتم و یک فرهنگ نامه برای شناسایی شعرای ایرانی بنام «گیچینی از گلشن رضوان» تهیه کردم که در ۷ جلد می‌باشد که امیدوارم مردم ما این کتابها را بخوانند. کتاب‌های دیگری بزبان انگلیسی نیز در دست تهیه دارم که اگر خداوند مددی کرد بفارسی هم ترجمه خواهد شد.

با تشکر از خوانندگان عزیز ایرانی خودم،

کاظم فتحی

بیوگرافی پروفسور کاظم فتحی

پرفسور کاظم فتحی متولد تهران و مقیم امریکا، دوران دبستان و دبیرستان را در تهران و دانشکده پزشکی را در دانشگاه تهران با درجه ممتاز پایان داده و سپس به امریکا آمد. دوره انترنی را در شیکاگو با مدال طلا پایان داد و دوران رزیدنسی را اول در رشته جراحی عمومی در دیترویت و سپس جراحی مغز و اعصاب در ویرجینیا باتمام رسانید وسپس عازم سوئد شد و در آنجا رئیس رزیدنت‌های بیمارستان درآمد و سپس به امریکا بازگشت و ریاست جراحی اعصاب را در بیمارستان دانشکده در آتلانتا گذراند. از آنجا به ایوا رفت و رئیس بخش جراحی مغز و اعصاب دو بیمارستان بزرگ دانشگاهی شد و طبابت شخصی خود را در مدت ۱۸ سال در همان شهر انجام داد و ریاست انجمن جراحان مغز و اعصاب غرب امریکا را دو سال بعهده داشت که شامل ایالات ایوا، نبراسکا، ایلنوی و داکوتای جنوبی و شمالی و ویسکانزین و مینسوتا می‌باشد.

در این دوره در دانشکده آتلانتا به اخذ بورد تخصصی طب قانونی نیز نائل آمد و طب فورنزیک را نیز باتمام رسانید و ریاست بورد امتحانات وکلا را ۸ سال بعهده داشت و اجازه طبابت در ۱۶ ایالت امریکا را با امتحان گذراند.

سپس به شهر لاس وگاس آمد و به جراحی اعصاب ادامه داد.

در لاس وگاس به مقامات دکتر سال و رئیس انجمن پزشکان و جراحان کلارک کانتی و سپس پزشک سال ایالت نوادا و بعد مرد سال در نوادا شناخته شد.

او ریاست انجمن و آکادمی جراحان اعصاب و استخوان امریکا را مدت ٦ سال است که بعهده دارد و ریاست بورد تخصصی آنرا دارد.

در مدت ۱۲ سال مقامات شامخ در انجمن جراحان بین الملل داشته و مدال بزرگ ایالتی آنرا دریافت کرده. اکنون ریاست سابق این انجمن جهانی را دارد. در انجمن‌های خیریه زیادی عضو می‌باشد و باو مدال بشریت را ۴۲ بار اهدا کرده‌اند. در انجمن و گروه روتاری فعال می‌باشد و همچنین در بیمارستان‌های سوختگان و فلج اطفال در واشنگتن.

۱۲ سال در نوادا به عنوان مرد سال و دکتر سال و نماینده استاندار نوادا و بوکس وکشتی و

المپیک این ایالت شناخته شده اند.

تجسسات ایشان بغیر از صدها مقاله و مجله و غیره شنت فتحی و پیدایش داروی ضد سختی عضلات و غیره است بنام اسکلاکسین.

ایشان سردبیر سابق مجله ژورنال پزشکی - مجله نورو و ارتوپدی امریکا - و دبیر مجلات دیگر مثل مجله مهر - مجله ایالتی نوادا و مجله من و شما و غیره می‌باشند. او سرپرست سابق تلویزیون مردم و جهان پزشکی بوده که ۱۲ سال است در امریکا پخش شده، دو کتاب در ایران یکی بنام راز موفقیت در بازار کار و دیگری مشاهیر فرهنگی ایران را بشناسید چاپ شده که هر کدام یک بخش درباره پرفسور فتحی دارد. استاد جمال زاده، استاد محجوب، استاد شهباز و استاد زرنگار درباره او و کارهای فرهنگی او سخن رانده‌اند. ایشان دبیر مجله انجمن جراحی جهانی نیز می‌باشند.

برای ذکر مقالات و مقامات ایشان به WWW.AANOS.ORG رجوع کنید.

در سال ۱۹۹۸ مدال شاعر سال از طرف انجمن ادبی و شعری امریکا بایشان اهدا شد. (مدال کبوتر بلور و کلید طلا).

ایشان نویسنده کتاب دیوان شعر «دفتر آرزو»، «پیام آرمان» و «کلید پنج گنج نظامی» و «گنجینه رامین» و «گلچینی ازگلشن رضوان» در ۷ جلد که همه بچاپ رسیده. ایشان بانی ساختن مسجدی در ایوا بودند و قرآن مجید را باکمک دکتر اروین از کانادا به انگلیسی ساده ترجمه و چاپ و توزیع نمودند (در حدود ۲۵ سال پیش)، البته با مقایسه قرآن باکتاب‌های آسمانی انجیل و توراة و غیره این کتاب بپایان رسید که همه دستورات خداوندی است. اکنون ریاست آکادمی جراحان مغز و اعصاب و ارتوپدی امریکا را بعهده دارند.

رامین آندره فتحی

فهرست اشعار:

الف

ب

پ

رنج دیده

ز ناز و نعمت جهان فقر و تعب کشیده ام
جام غم و تلخی می‌بکام خود چشیده ام

عمر دراز دوستان وه‌که چه خوش گذشت و رفت
من که به عمر کوتهم رنج و جفا رسیده ام

دست دراز باغبان غنچه گل نمی‌کند
بر در گلشن جنان شاخه گلی بریده ام

آب حیات زندگی ره به کجا برد مرا
مثل حباب روی آب از اثری پدیده ام

خسته و مانده و غمین روز و شبان چه می‌کنم
زیر فشار دردها پیر صفت خمیده ام

خواست مرا بدام خود دوباره آن عدوی من
مرغ شکسته بالم وز بام او پریده ام

روز و شبان بدره‌ها رانده و ورپریده ام
اسب سفید چابکم ز آتش غم رمیده ام

روز و شبم بیا ببین چه دردها چه رنج ها
خدا خودش گواه من چه دیده‌ام چه دیده ام

منم کتاب رازها نگارش شکسته ای
قصه و راز هستیم بهر ورق جریده ام

شام مرا سیاه کرد آنکه بما دروغ گفت
بر شب تیره زمان روشنی سپیده ام

ای دل سنگدل چرا پرده دری نمی‌کنی
بر دل نازک زمان پرده نادریده ام

ز روزگار بی امان گر چه نشد خبر دگر
باز ز عشق و راستی از همه کس شنیده ام
چو عنکبوت حافظی گرد وطن رسن زدم
بدور کشور از عدو تار به تن تنیده ام
امید بر رهائیم گواه من نگاه من
برای وصل آرزو نازکسان خریده ام
مگر قفس نه این بود که از جهان سفر کنی
هرگز از این جهان دون جز قفسی ندیده ام

خدعه

به قبله گاه خدا سجده می‌کنی به ریا   ترا خدا نپذیرد به بارگاه صفا

رکوع و سجده زاهد اگر ریا باشد   چه سجده‌ای چه رکوعی بود برای خدا

به حیله عالم اعلا نشد بناز ازل   به حقه عرش خدائی دگر نشد پیدا

خدا ز حیله زاهد همیشه آگاه است   که اوست داور این بندگان بدار فنا

مزن بدایره عرش تهمت سیهی   که از ریا نتوان رست اندر این دنیا

شنیده‌ای که خدا یار رحم و انصاف است   شنیده‌ای که خدا عفو می‌کند ما را

ولی برای ریاکار زحر و خشم و ستم   رواکند که ضر او راست ذلت عقبی

دگر چه خدعه کنی با خدای خود زاهد   برآر از تن خود جامه و عبا و قبا

اگر لباس ریا را نمی‌کنم در بر   بدان به ذات الهی نموده‌ایم دعا

می‌دانم که می‌دانی

دو زلفونت کمند ماست می‌دانم که می‌دانی
دو چشمون تو بی همتاست می‌دانم که می‌دانی
صدای تو طنین از سوزش آه سحر دارد
رخت چون گوهر دریاست می‌دانم که می‌دانی
تو چون جام شرابی کعبه‌ای بتخانه‌ای جانا
بخوان نای تو در دلهاست می‌دانم که می‌دانی
اگر دستت رسد روزی به گلهای گلستانها
پیام دلبران آنجاست می‌دانم که می‌دانی
دلت آکنده از عشق و لبت کتمان کند آنرا
نگاهت شاهد درخواست می‌دانم که می‌دانی
تمنای دلت گوید سخن کوته شود اکنون
که در پیچ و خم بی جاست می‌دانم که می‌دانی
برو ای نازنین امروز در اندیشه فردا
که فردای تو اندرو است می‌دانم که می‌دانی
مگر روزی بهوش آلی که زیبالی نپاید زود
که این اندیشه‌ای رسواست می‌دانم که می‌دانی
ترا یاری کند دست خداوند جهان یکدم
که راه تو بسی والاست می‌دانم که می‌دانی
تو دربند مباهاتی و می‌دانی که می‌دانم
که عشق من همه پیداست می‌دانم که می‌دانی

از ایران

رفتم به ایران دیدم خرابه
هر گوشه او همچون سرابه
اشکم به گونه چون ژاله بارید
از گوشه چشم ویرانه را دید
گرد و غباری در پیچ و تابه
نقش تنفس نقشی برآبه
گفتم خدایا این خانه‌ام بود
بر روی گلها پروانه‌ام بود
دیدم خداوند با ترشرویی
با من چنین گفت دانم چه گویی
لیکن علاج این ملک ایران
دیگر ندانم چون گشته ویران؟
پرسیدم از او پس چاره‌اش چیست
یا گوی بر من این خانه از کیست
دردت بجانم او را شفا ده
ترسم بمیرد او را بما ده

ای خدا

ای خدای عشق کمتر مست و رسوا کن مرا؟ در حریم دوست با یک امر شیدا کن مرا
چشم را آکنده از آثار زیبا کن مرا عاشقم کن لخت و عورم کن چو حوا کن مرا

ای خدای عشق از درگاه تو دورم چرا؟ از بهشت آواره از دیدار منفورم چرا؟
در نماز و روزه و حج تو مجبورم چرا؟ زنده‌ام اما تو گویی زنده در گورم چرا؟

ای خدا امروز نوروز دل افروز منست با دعایت سال نو یک سال پیروز منست
سینه‌ام آکنده از غم‌های دیروز منست پس مبارک کن بما امروز نوروز منست

ای خدای عشق دل‌ها راز قهرت پاک کن دیده‌ها بینا ز مهرت سینه‌ها پر چاک کن
حِقد و کینه، ظلم و درد و مرگ را در خاک کن در کمک‌های بشر دست مرا بی باک کن
چون تویی در اصل مبنای جهان بی ثبات

آرش که بود؟

آرش تونی که قهر جهان را چشیده‌ای؟
آرش منم که جور زمان را کشیده‌ام؟
آرش که بود؟
در تنگنای سینه تاریک خاطرات
در جستجوی او
در گوشه و کنار شکنج تفکرات
راهی بسوی او
آنجاست آرشم؟ آنجاست آرشم؟ آیا؟
در پشت ابرها
آنجاکه پیکر صدف نیلگون نهفت
آنجاکه ماهتاب به گوش ستارگان
رازم بگفت
آنجاست آرشم؟
پس هیچگاه بر من و تو قصه را نگفت
رفتم به قهقرا سپری شد زمان حال
در جستجوی ریشه آن زادگان زال
از کوه بیکران دور یکی نیزه‌ای رسید
آنگاه مرز کشور ایران بخط کشید

«همان آرش تیرزن کز کمان ... فروریخت تیری به مرز آران»
«منوچهر شاه دلیران ما ... ز توران جدا ساخت ایران ما»
«همان آرش پهلوان تیر خود ... به جیجون کشانید آزیر خود»
«خداوند تیر شتابنده او ... به دَم نامور پهلوان شد خشو»

«از آن خوانند آرش را کمانگیر		که از آمل به مرو انداخت یک تیر»

و چنین گفته شد که:

«بزرگان که از تخم آرش بدند		دلیر و سبک سار و سرکش بدند»

شنو آنچه فردوسی نامور		سخن گفته یک سر همه بارور

«نخست اشک بود از نژاد قباد		دگر گُرد شاپور خسرونژاد»

«چو نرسی و چون اورمزد بزرگ		چو آرش که بد نامدار سترگ»

چه کس پشت کوه دماوند ما		زند تیر بر دشمن درد ما

حال شناختی آرش که بود؟

سالی است آرشان همه در خواب رفته اند

تیر و کمانشان همه بر آب رفته اند

زندان و حلقه‌های گرفتار خاطرات

در گوشه و کنار شکنج تفکرات

در زجر آرشند، بی او چه می‌کشند

بیدار شو تو آرش من حمله کن به فوج

در پشت تو است پرچم ایران ما بموج

بشکن دوباره پایه این لانه‌های درد برفرقشان

چون ابر پاره پاره بزن سایه‌های سرد، بر دردشان

ای آرش عزیز من ای پهلوان سال، ای پیلتن

بیداری تو شد ای قهرمان محال بر من بر من

آرش که بود، آرش کجاست

راهم به سوی اوست، یا ره خطاست

آرش که بود؟

مخفیانه

خدا کند که تو یک لحظه یاد ما باشی
همیشه دور ز درد و غم و دوا باشی

بدیده راز تو گفتم گریست چون مجنون
به شمع گفتم و او گفت مبتلا باشی

من آن حدیث به گلهای باغ می‌گفتم
شنید بلبل و گفتا که در خطا باشی

صدای خنده من گریه درون من است
ز گریه کار گذشته است در بلا باشی

ترا بدیده نیّت پذیرم ای ساقی
بده شرابی و سرکش که برملا باشی

ترا نجویم و دیگر به باغها نزنم سر
اگر که روی زمین زیر گنج‌ها باشی

ز ما بریدی و رفتی خدا نگهدارت
همیشه‌ای گل من دور از بلا باشی

کجاست آزادی

خدایا ملک آزادی کرا دادی کرا دادی؟

خدایا دره و ماهور را رنگ و جلا دادی

به کوهستان و جنگل لطف دادی

عشق دادی.

آسمان را نیز بر آنها تو سقف کبریا دادی

به دریا موج دادی حالتش را منقلب کردی

به ساحل صبر دادی تا ستُرگ و سخت

تحمل‌ها کند بر موج سنگین سالها یک تن

تو خود بر موج دریا نغمه مرغ و صفا دادی

به کوهستان اگر از برف و باران شکوه‌ها خیزد

دل کهسار را چون سنگ خارا از جفا دادی

به آزادی کهسار و به زیبائی دریاها

قسم تا زنده‌ام یکدم، از آزادی نمی‌گویم

دگر آزادی اندر راه من خار مغیلان شد

چرا گفتی که درمان است آزادی؟

چرا گفتی که پیمان است آزادی؟

چرا گفتی که ایمان است آزادی؟

تو این کفّار را با دست خود تحویل ما دادی

بگو با من چرا سیمی بعنوان طلا دادی

از آزادی گذشتی محبس و زندان چرا دادی

چرا کردی سر ما را فدای راه آزادی

نهال گسسته

فغان و آه یتیمان خسته را مانم
چراغ روشن راه شکسته را مانم
از آن قفس که رمیدم چه زجرها که کشیدم
چو آن کبوتر از بام جسته را مانم
به چشم پیرزن زجردیده غمگین
غبار بر سر پیری نشسته را مانم
بهر طرف که پریدم نشان ز دانه ندیدم
چو مرغ کوچک از بند رسته را مانم
ندیدم آنچه بباغ است و راغ در دل شب
به سحر و جادوی چشمان بسته را مانم
به باغها همه رفتم نهال و غنچه ندیدم
من آن گلم که نهال گسسته را مانم
کجا روم به که گویم کجاست مرهم دردم
که زندگانی کوتاه هسته را مانم
صفای باغ ز بلبل مپرس از گل پرس
خموش بلبل با بال بسته را مانم

باده

ای خمره من از غلغل تو چشم نپوشم
اندر دل تو آتش و من جمله خموشم

آتش به سراپای تو افتاده به شرطی
کز داخل قلبت قدحی باده بنوشم

با سرخ زبانی تو کنی شکوه که هیهات
این جام چو خون من و در جوش و خروشم

آتش که بزیر بدنت شعله زند گرم
گر یاد من افتد دگر آن باده ننوشم

از هیزم بیچاره که آنهم صنمی بود
می‌سوزد و گوید که ترا حلقه بدوشم

آن باده که در داخل آن جام فتاده
خونی است که از قلب و سر و دیده و دوشم

درمانده منم گر غم بیچاره نرستم
امروز بدان حکم دگر خانه بدوشم

فردا تو به میخانه همه گرم و همه شور
من سخت پریشان شده در فکر تو کوشم

پر دردی و دلخونی و جوشان شب و روزت
من مست و غمین پرده اسرار نپوشم

در فکر دوائی که در او درد نباشد
دیوانه سری بار دگر داد سروشم

بانگ جرسی گفت به آن باده در آن جام
کی بی خبر از عشق چرا در تب و جوشم

این باده که اندر قدح و جام بلور است
خون من و خون تو من آنرا نفروشم

۱۲

بیداد

دیدمش بار دگر شعله به دامان چون باد
رفت یکباره بدامان رقیبی افتاد
منِ تنها من بی جان منِ رسوا منِ مست
اندر این مهلکه افتاده ز پا ازبیداد
چه رفیقی چه حبیبی چه گناهی چه صواب
من گم گشته زنم در ره ایمان فریاد
یا رب این خاطره‌ها را تو ز مغزم بزدای
تا فراموش شود قصه معشوق از یاد
آنکه از لطف و صفا هیچ نبودش خبری
چه کند گر نکند عاشق مستی را شاد
آنچه او کرد بمن در دل خود راز نبود
نتوان گفت که عدل است و مروت یا داد
شعله خشم من آن خیمه بسوزد روزی
شاید آنروز شود پیر و بود در هشتاد
آنچه او کرد بمن خادم جلاد نکرد
آنچه او کرد نشانی است بمن از شداد

دربدر

آنروز که در خانه ما دربدری بود
جای من و تو جایگه جن و پری بود
آن خانه نه جولانگه اسبان عرب بود
این خانهٔ سیروس و قباد و طبرّی بود
اجساد شهیدان به سر کوچه و بازار
خون همه در پنجه صیاد جری بود
فریاد عزیزان همه عرش تکان داد
در عرش خداوند چرا پرده دری بود؟
ای بی خبر از سوختن خانهٔ دلها
این خانه دل خانه کبکان دزّی بود
بادام دو چشم تو و شکر لب چون قند
اقطار غروب من و شام سحری بود
چون لانه شکستند و در خانه ببستند
پس چاره بیچاره فقط دربدری بود
تصویر شیاطین که بدیوار کشیدند
آنروز در آن خانه چرا بی خبری بود؟

خواب تیره

دوش از نـــامهربانی هـات خـوابـی تـار دیـدم
در کـنار تـخت بـیماری تـرا بیمار دیـدم
ناله هایت، شکوه هایت،گریه هایت، های هـایت
جمله را درگـوش هـمچون عـالم بیدار دیـدم
خواب بودی گریه کردی معذرت خواهی نمودی
مـن تـرا دربـرگـرفتم پیکرت تب دار دیـدم
بخششی می‌خواستی از من و از آن نابخردی هـا
آنـچه در چشم تـو دیـدم دفتر انکـار دیـدم
تا شکستی قلب مـحزونم سـر و جـانم فـدا شـد
تـا عـذارم سـوختی یکسر تـرا بـدکار دیـدم
با صبا گـفتم کـه شـاید پـیک مـن بـر او رساند
لیک آنـرا وعـده پـوچ صـبای زار دیـدم
تـاکـه صبح آمـد تـرا در بستر غم‌ها نـدیدم
راست بود آن خواب دیشب من ترا درکار دیدم
در نـهانی یـافتم آخـر تـرا ای بـی کـفایت
با رقیبی مست و خـوش در حـلقه احـرار دیـدم
لایـق مـن نـیستی ای هـرزه بـی آبـرو زن
رو پـی اغیار کـاکـنون از تـو مـن آزار دیـدم

درخت سوخته

رعدی زد و برقی بدن بید بسوزاند
از شاخه و برگش بدنی سوخته جا ماند
اندر تنه بید همان آتش سوزان
یک حفره خاکستر خالی ز هوا ماند
بعد از دو سه سالی که گذشت از سر آن بید
یک بوته در آن سوخته دل نشو و نما ماند
آن بوته درختی شد و اندر شکم بید
پنهان شد و روئید و از آن بید جدا ماند
در این فلک دون همه آیند و بسوزند
جمع دگری آمده گویند بقا ماند
افسوس ندانند که در آمد و رفت اند
هر آمده رفته است فقط ذات خدا ماند
من محو خدا هستم و او در بدن ماست
او خواست بسوزیم و بسازیم و خدا ماند

خاکستر غم

روزگار آتش دل را همه خاکستر کرد
راز تنهایی ما زیر سَر بستر کرد
هر کجا ماه رخی دید و تمنائی بود
هوسی تازه در آن خون جگر سرسر کرد
آخرین بوسه عشقم به لبم خشک نمود
اولین خواهش دل را هوس آخر کرد
جان ما سوخت ز رنج و تعب و مشکل عمر
راه ما دور از آن میکده و ساغر کرد
تیشه‌ای کوفت بر آن ساقه پایم بزیان
قلب همچون گل ما را سبد گل پر کرد
هر کجا رفتم و با هر که زدم فال صواب
همه از یاد ببرد و روش کافر کرد
شهرها دیدم و افسانه مجنون خواندم
چکنم آنچه بمن کرد همان داور کرد
خواست من راز جهان باشم و تنها همه عمر
عشق را گفت بسوزانش و او آذر کرد

انگلستان

اگر در انگلستان راهت افتاده است گریان شو
وگر در انگلستان کارت افتاده است پنهان شو
تمام نقشه ایران چو در لندن کشد طرّاح
که می‌باشد عدو برگو بمن در فکر ایران شو
همه عمری است این زالو مکیده شیره جانت
بزیر خنجر مرموز این صیاد ایران شو
امور مملکت را داده او در دست مزدوران
که نفت ما رود در کشورش آگه ز پیمان شو
هزاران مفتی و مفسد همه یار و وفادارش
نگر این صحنه را آگه ز راه و رسم دزدان شو
چرا بیمار شد ایران مگر بیدار شد ایران؟
تو ای ایرانی از این مردم ناجنس پژمان شو
بهانه می‌کند محراب و منبر را چرا دشمن
خدایت را قسم در فکر جور انگلستان شو
مخور دیگر فریب انگلیس و دولت او را
از این پس در سر راهش فقط خار مغیلان شو

علی علی علی علی

خدا بداد ما برس   رها کنم از این قفس
ز ناله‌های صبح و شب   نمانده‌ام دگر نفس

رسان بداد ما علی

علی علی، علی علی، علی علی، علی علی

الهی ای خدای من   که ذکر تو دعای من
شفای تو شفای من   دوای تو دعای من

شفیع ما شفا علی

علی علی، علی علی، علی علی، علی علی

علی یگانه یاورم   رفیق راه و رهبرم
صفای جان و پیکرم   بیا پدر تو سرورم

تو حافظ بلا علی

علی علی، علی علی، علی علی، علی علی

علی تو سرور منی   تو سایه بر سر منی
تو چون برادر منی   تو روز آخر منی

علی بیا بیا علی

علی علی، علی علی، علی علی، علی علی

الهی تا جهان باشد تو ما را مهربان باشی
الهی همدم شب‌های تاریک زمان باشی
خداوندا علی را با من درمانده یاور کن
که در دنیای دیگر با علی در کاروان باشی

علی تو مرشد زمان   علی تو موبد روان
علی تو عطر گلستان   تو لی امیر مؤمنان

منم ترا گدا علی

علی علی، علی علی، علی علی، علی علی

چرا که زهر سهمگین   بفرق تو رسد ز کین
که سجود بر جبین   ترا که زد سنان به دین

روی کجا کجا علی

علی علی، علی علی، علی علی، علی علی

سلام ما دعای ما   ز اشک وهای های ما
رسان صبا برای ما   به آن علی مرتضی

بسوی آن خدا علی

علی علی، علی علی، علی علی، علی علی

خدا کند که وا رهم   ز اشک دل جدا روم
ز ناله‌ها کجا روم   مگر که ره خطا روم

مشو ز ما جدا علی

علی علی، علی علی، علی علی، علی علی

علی علی، علی علی، علی علی، علی علی

هدف

بیا که سوزش آهم به سینه لانه گزید
حریق عشق باعماق سینه خانه گزید
صدای ناله بگوش دلم خراش آورد
کنار قلب حزینم چو آشیانه گزید
نه بی سبب نفسم در گلو خموش بماند
نه اشک گرم به مژگان دل کرانه گزید
دلم چو راه بیابانگرفت سوخت تنش
چو کاروان نه مسیری به حج شبانه گزید
نه پای را به کمند دلم نشانه گرفت
نه چشم را بره دوست عاشقانه گزید
برنگ موجم و همچون حباب سست و خراب
زمانه رنج مرا مرهم زمانه گزید
مرا که سوخت در این وادی سراپا گم
ز عشق من چه بگویم چرا بهانه گزید
گرفت تیر و کمانی بدست و در این حال
رواق ابروی جانان چرا نشانه گزید
چو از شراب محبت لبم بکام آمد
بپای نازک من خشم تازیانه گزید
شکنجه داد به ما در ازای تیماری
درون محبس زنجیر دانه دانه گزید
برای غصه و غم از حدیث والا گشت
برای اشک سخنهای شاعرانه گزید
خلاصه دانه و آبم برید از دنیا
گلوله را هدف مغز عارفانه گزید

پیمان

شبی کز کوی من رفتی دلم با من شده دشمن

نمی‌دانم که تن از سر جدا شد یا سرم از تن

نصیبم شد جفای تو رقیبم شد خدای تو

مرا از تن برون کردی چنان یک پاره پیراهن

من از بهر تو بگذشتم ز یاران وفادارم

شکستی قلبم و بردی دلم را ای پری رو زن

فریبم داده‌ای ای گل که از آوای عشق من

ترا ای بی مروت دل چنان سنگ است و چون آهن

خطا کردم ترا با انده خود آشنا کردم

رها کردی مرا بیهوده کندی از برم دامن

شدم عاشق بمان با من همیشه روز و شب ای دل

که با دیدار تو هر دم شود چشم دلم روشن

اگر آحاد انسان‌ها مرا باشند خصم جان

توئی ای دوست مرهم پس بمان با من بمان با من

تیروکمان

کودک با دست خویش تیروکمان راگرفت
تـا بـزند مـرغ را دست تـوان راگـرفت
سنگ میانش نـهاد تـیر و کـمان راکشید
بر سر آن مرغ زد جـان جـهان راگـرفت

خواست پرد در هوا مرغ از آن لانه اش
خون چکد از بالهایش در ره کـاشانه اش
لیک شکسته پرش جـرأت پـرواز داشت
قصد جدائی نمود دیگر از آن لانـه اش

رو بـزمین لانـه را مـرغ رهـاکـرد زود
خورد زمین سخت و سرد یکسره آمد فرود
خون به پر وبال او ضجه بـه احـوال او
کس نـفرستد دگـر بـر سـرگـورش درود

کـودک صیاد چـون مـرغ بـدامش فـتاد
خنده زنان بوالهوس خوش نظر و شوخ و شاد
رو بـهوا مـی‌پرید از شـعف و شـوق خـود
روی زمین خم شده چشم بـه صـیدش فـتاد

لیک چو برخاست کرد گریه دو چشمش گرفت
بر خود بیخود شده یکسـره خشـمش گـرفت
غـلطه بـخون مـی‌طپید کُشته او در بـرش
کودک از این فـاجعه بـر اوْ رحـمش گـرفت

گـفت بـاو از چـه رو جـان تـرا کـاستم
من نه در ایـن روزگـار درد تـرا خـواسـتم
لیک چو تیر و کمان دست یکی کودک است
فـرق نـدانـم کـجاست از کـژی و کـاستم

آنکه کشد مرغ را بـر سـر دیـوار خـود
شرم نـدارد دگـر گـرگ ز رفـتار خـود
وانکـه کـند در قـفس مـرغک بـیمار را
در صف جلادهاست بی خبر از کار خود

رحم و مروت کجاست در دل او هیچ نیست
حامی مـلت نشد حـاصل او هـیچ نـیست
دام گـــرفته است او مـــردم مـــظلوم را
لعـــنت پـــروردگار قـــابل او هـــیچ نـیست

مردم بیچاره را کرده‌ای انـدر قـفس
بسته‌ای از هر جهت راه بـرای نـفس
ما به کمین توایم کودک صیاد دون
تا بزند زنگ عمر یکسره بانگ جرس

گم گشته

نکند خدا نکرده هدف بلا شدی تو | زکه پرسم این حکایت که کجا خفا شدی تو
تو که سالها بدامان من اسیر ماندی | تو به دام کیستی حال و چرا فدا شدی تو
به رقیب عیب جوئی نکنم که او نداند | که تو در برم غنودی ورق خطا شدی تو
تو مگر بدامن من سخن از وفا نگفتی | که به بستر رقیبان همه مبتلا شدی تو
همه رازهای دل را بتو محرمانه گفتم | تو فرامشش کن اکنون ز وفا رها شدی تو
نروم بکویت امشب که دگر نهان شدی تو | ز قفس فرار کردی پروبالها شدی تو
«بخدا اگر بمیرم ز تو دست برنگیرم» | که تو موجب دعای من و آن خدا شدی تو
تو که ارزش وفا را به زری نمی‌خریدی | تو کنون بیک کرشمه زر پربها شدی تو؟

در فضا

در روی ابرها من خـود را نشسـته دیـدم

از دام رستـه‌ای بـا بـال شکسـته دیـدم

در زیـر مـاه و مریخ در جـوّ آسمانها

چون مرغک ضعیف از دام رستـه دیـدم

بر بـال مـرکب خـویش نـور ستارگان را

چون لرزش حبابی بـرآب خسـته دیـدم

انـبوه ابـرها را بـرفی سـفید دیـدم

در آفتاب و خورشید نـاز گـذشته دیـدم

بـیهوده در مـیان آن ابـرهای پـاره

گه نقش دام و زنجیر گه پای بسته دیـدم

گـاهی در آب دریـا گـاهی در آسمانها

تصویر عشق و مستی جامی خجسته دیـدم

انـدر هـوا مـعلق دور از زمـین و مـردم

در قلب دانه پنهان انگـار هسـته دیـدم

پرواز من از ایـران آن تکـیه گـاه ویـران

از جور تیر صیاد از شـاخه جسـته دیـدم

بازم اگر هوس بود ما را در آن قفس بـود

کشتی تو آن هوس‌ها عهدی گسسته دیـدم

فرزانه

ای مرهم جان از چه شکستی دل ما را

درمان نتوان کرد کسی مشکل ما را

داروی غریبی سر بازار فروشند

تا غصه و غم چاره کند محفل ما را

آه سحری از دل محزون بدر آید

در عرش خدا پاره کند منزل ما را

از حاصل عمرم همه یک جمله بجا ماند

افسوس که او سوخت همه حاصل ما را

از بدو تولد سخنم گریه و زاری است

با گریه فروریختی آب و گِل ما را

امروز که کاشانه‌ام از ریشه خرابست

بنگر که چسان سوخته‌ای محفل ما را

گر تکیه زنم بر بدنت باز سرشکت

پر آب شود بشکند آن ساحل ما را

فرزانه سرم تا که گرفتار دلت شد

دیوانه کند باز سر عاقل ما را

سجود

سرم به خاطر وصل تو در سجود گذشت

دلم برای دل تو ز هرچه بود گذشت

شباب بود و صفا بود و مهر و شادی بود

شباب رفت و تو رفتی و وه چه زود گذشت

شبم چو سایه موی تو بر رخم پیچید

شب سیاه به چشمم مثال دود گذشت

شنید ناله دل را ز سینه‌ام آهی

صدای گریه بهمراه تار و عود گذشت

امید و آرزویم مُرد در دلم یکجا

چو ناله‌های من و نغمه سرود گذشت

تو رفتی از بر و آمد بخانه زاری ما

چه گویمت که بیان زیان و سود گذشت

ز من مپرس خدایت چه کرد با دل من

ولی همیشه ز من بر خدا درود گذشت

گذشت آنهمه پاکی و آن دل آرائی

زمان عشق چو آبی بسان رود گذشت

غمم ندیده گرفت و دلم کباب نمود

نشان سیلی او بر رخم کبود گذشت

نگاه او بدلم مرهمی ندارد سود

که تیر چشم وی از قعر تار و پود گذشت

یگانه

چشم تو در دلم اگر کار ترانه می‌کند
قلب مرا بسوی تو باز روانه می‌کند

تا که بهار می‌رسد یاد نگار می‌کنی
عشق و صفا و دلبری در تو جوانه می‌کند

دامن تو بدست من پیکر تو به سینه ام
در خم گیسوان تو پنجه کرانه می‌کند

گیسوی پرز شکنت تاب طناب می‌خورد
جعد خم دو گیسوان آخم به شانه می‌کند

در شب تار و تیره‌ام روشنی ستاره ای
دزدی بوسه از لبت دزد شبانه می‌کند

ناز دو دیدگان من شبنم صبح و آفتاب
بوسه به چشم و مژه ات دانه به دانه می‌کند

نیمه شب است و او هنوز از سر شور در هوس
خواب عمیق صبحگه باز بخانه می‌کند

مستی چشم مست تو خاطره‌ای برای من
گرمی ناز شست تو ناز یگانه می‌کند

عبادت

امروز اسیر دل بیگانه توئی تو   بیگانه در این محبس ویرانه توئی تو

ما خانه و پیمانه شکستیم و رمیدیم   اندر طلب خانه و بت خانه توئی تو

اندر پی پیمانه و میخانه نگشتیم   ساقی صفت اندر پی پیمانه توئی تو

از شرب مدام و هوس باده گذشتیم   در سکر توئی ساکن میخانه توئی تو

ما از سَحر و سحر و دعا جمله بریدیم   چون جغد بدان ناله مستانه توئی تو

از کعبه و از مسجد و از دیر نگفتیم   چون معتکف و ساکن آن لانه توئی تو

ما دست خدا را به عبادت بفشردیم   بیگانه به سجاده چو دیوانه توئی تو

ما قدر دعا را نشمردیم به الله   تسبیح به کف در خمّ صد دانه توئی تو

مرغ دل من در قفس بسته نخواند   آن مرغ گرفتار پی دانه توئی تو

بره

به میان قلب رئوف خود　　چه شود اگر بنشانیم
سخنی ز وجد و شور و صفا　　درگوش‌ها تو بخوانیم
همه وحشتم شده روز و شب　　که ز پیش خود تو برانیم
نکند خدا نکرده توگفته ای　　که من آن رفیق زبانیم
به فغان و ناله بیاد تو　　که منم رفیق فغانیم
به عیان سرود عشق را　　بتوگویم اگر برهانیم
به خدا اگرگله سرکنم　　اگر به سنان به سنانیم
که محافظ تو و بره ام　　که بود زگله شبانیم
اگر ز تو دورم و بی خبر　　وگر ز درت بپرانیم
همه با منی تو روز و شبان　　تو و آن نگاه نهانیم
چه کنم که پیری و خستگی　　همه برده توان جوانیم
به عصاگرفته تکیه دست من　　سر و پشت همچوکمانیم
نه رفیق زبانیم نه چو سائل نانیم　　تو بدان عزیز دلم که مصاحب جانیم
به میان قلب رئوف خود　　چه شود اگر بنشانیم

شب عید

بهار است و شب عید است و یاری خوش به بر دارم
نگاری گلعذاری، خوبرولی زیر سر دارم
شب نوروز پیروز است و بلبل می‌زند چهچه
گل سرخی نثار و هدیه او در نظر دارم
کنار سفره هفت سین و ماهی، سبزه و سنبل
من او را همچنان آئینه‌ای اندر بصر دارم
صفای باغ وگلدان‌های زیبای لب ایوان
سرود سال نو، تحویل نو را من خبر دارم
بهار آمد، نگار آمد صفا درگلستان آمد
نسیمی از شمال آمد درختان را سپر دارم
صدای آبشار آید صفای نوبهار آید
بعرش آسمانها آرزوی بال و پر دارم
خدایا سال نو را بر رفیقان بس مبارک کن
خوش و خرم سلامت دار دورش از خطر دارم
پذیرا شو سرود من به تسبیحی و سوگندی
به لبخندی و نیرنگی همه دور از شرر دارم
در این کشورکه ما دوریم از خاک وطن اکنون
دعا کن تا همه روزی به ایرانم سفر دارم

روز ازل

از ازل او که گِل خلقت ما درهم زد
خالق آدم و حوّا شد و در آن دم زد
نفس مغلطه در پیکر حوّا بدمید
سخن بیهده درگفته هر آدم زد
در دل پاک بشر فکرت شیطان پرورد
رحم و انصاف و مروت به گمانم کم زد
خواجه را گفت که او بنده نوازی نکند
بنده را گفت که بر خواجه ترا ماتم زد
آب را با همه پاکی به کدورت بکشید
به جز از قطره پاکی که در آن زمزم زد
باد را در پی برکندن مأوا بستود
آتشی ساخت که بر پایه جان محکم زد
عشق را گفت بیاموز و بسوز و بگریز
رقم تفرقه درکهنه سرا عالم زد
الغرض آنچه در این گنبد مینا بینی
همه را بر سر بیچاره بنی آدم زد

قحطی

در افـریقا تـمام کـودکان از قـحطی دوران

نـزار و بـیقرار و زرد و بـیمار و هـمه حـیران

نه یک پیراهـنی بـر تـن نـه کـفش ژنـده‌ای بـرپا

نـه شلوار و کـلاهی جـمله افـتاده بـره عـریان

نه بر یک لقـمه نـانی دسـترس نـی داروی دردی

گرسنه، تشنه، لرزان، بی‌غذا، بـی یـاور و حـیران

شـنیدم در بـیابانها طـنین گـریه و زاری

صـدای نـاله و فـریاد و آه و شیون و افـغان

نـه او را دسـترس بـاشد دگـر بـر لقـمه نـانی

گِل و لای و علف می‌خورد آن بیچاره چون حیوان

نه بر انـدام او مـاهیچه‌ای مـانده است و نـیروئی

نـه بـر چشـمش تـوانـائی کـه بـیند راه را آسـان

خداوند زمـان مـی‌بیند ایـن اجساد مـرگ آلود

خـداونـد زمـان دانـد کـه او را آفـرید انسان

خدا را خوش نمی‌آید تـو در نـازی و نـعمت هـا

کجا شد رحم و انصاف و مـروت بـخشش و ایـمان

پزشکی دست خـود واکـن از آه بـچه پـرواکـن

تو امداد و مداواکـن شکـن دیـوار ایـن زنـدان

درد سوزان

مرا دردیست در سینه که آهش خانمان سوزد
گداز آتشش گر برفروزد آشیان سوزد
شکایت‌ها از این درد روان سوز پراز اخگر
اگر روزی بلب آید خدا را آسمان سوزد
دلم در سینه می‌سوزد که فریادم کسی نشنید
صدای ناله‌ام یکجا زمان بی‌امان سوزد
کجا گویم غمم را بر که گویم داستانم را
شبیخون می‌زند آهم بدل نای و زبان سوزد
مژه خونین ز اشکم شد تگرگ خون به چشمانم
ترا اشکی به جان سوزد مرا زخمی نهان سوزد
نوشتم داستانم را در این ویرانه پنهانی
که هرکس بشنود روزی ورا روح و روان سوزد
نه در میخانه من مستم نه بر محراب پابستم
کجا هستم کجا هستم چو در مسجد جنان سوزد
ترا در شهر بیگانه کجا دادند آزادی
مرا در شهر غربت بین که ایمانم گمان سوزد
عجب دردیست درد هجرت و زخم جدایی ها
اگر پنهان شود در سینه مغز استخوان سوزد

عاشق ایرانم

من عاشق ایرانم پرورده تهرانم
از هجر پشیمانم
هر چند در این وادی آلوده قبای من
من از تو نگیرم دست تا جان بودم در تن
در کشور اهریمن
در پای تو می‌سوزم هستی تو خدای من
دریاچه چشمانت، و آن مژه لرزانت
هر دم فتدم بر سر
چون موج به ساحل‌ها گرداب بلای من
و آن زورق بشکسته کز جام بلا رسته
وز دست جهان خسته
بنشسته بر امواج و نشنیده صدای من
از درد دل لیلی وز درد دل مجنون
از خانه شدم بیرون
تاب و رسنی دستم بندی شده پای من
آرام نشین آرام ترسم که بریزد بام
بام دل پرآلام
از دولت آزادی در سینه و نای من
گفتی بمن ای مادر از قید سفر بگذر
از هجو مگو دیگر
از خامی من بشنو، از درد و بلای من
خم گشته دو پای من
خون گشته سرای من
من عاشق ایرانم ای وای پشیمانم، ای وای پشیمانم، من عاشق ایرانم.

درخت شکسته

درخت ستبری به زانو نشسته
همه شاخ و برگش شکسته شکسته

قبای تنش پاره پاره به پیکر
همه تار و پودش گسسته گسسته

نه برگی نه بوئی نه رنگی نه حالی
ز جور زمان خاطرش خسته خسته

نه یک باغبانی که آبش بپا شد
نه جمعی به سایه نشسته نشسته

نه یک بلبلی تا بنالد ز گلها
نه از شاخه بر شاخه‌ای جسته جسته

درخت ستبر از ستم‌های باران
درون دلش رازها دسته دسته

ز باد زمستان که سوزد تنش را
زبان شکایات را بسته بسته

ز سیلاب‌ها شکوه‌ها در وجودش
که کی می‌توان از تعب رسته رسته

گذشت آن جوانی و شور و غرورش
که از درد پیری نرسته نرسته

درخت اوفتاده به جنگل ولیکن
بیاد جوانی فقط مسته مسته

گریان

هر دم بدامـن تـو بـزاری گـریستم

پنداشتم کـه لایـق مـهر تـو نیستم

آنقدر اشک و لابه بـهای تـو ریـختم

در بحر اشک غرقه ندانـم کـه چیستم

با پای خویش در قفس عشق رفـته ام

مـن مـرغ بـی قرار غـزلخوان کیستم

در این زمانه عشق و صفا را نشان نـبود

پس من چرا در این خرابه بیگانه زیستم

من با صفای ساغر و میخانه سـرخـوشم

هرگز کـه تـار و پـود ردائی نـریستم

با کـبر و نـاز تـو هـمه عمر درکشم

من با کسـی بـجز تـو بـدنیا نـزیستم

۳۸

عشق

ای عشق بیا تا من دیوانه بمیرم　　درپای اجل دست بدست تو بگیرم

با عشق هراسی دگر از مرگ ندارم　　با عشق جوان گردم هر آینه پیرم

سالیست که در عشق تو دیوانه شدم من　　عمریست که در پنجه و دست تو اسیرم

ای عشق تو در قلب من زار نشستی　　ای عشق تو یکباره روی کُنه ضمیرم

عاشق منم ای دوست که معشوقه تونی تو　　معشوقهٔ جانی تو که از مهر تو سیرم

عشق است که خورشید بدنبال تو گردد　　عشق است که باد و مه و گل کرده شهیرم

پروانه اگر دور گلی جان بسپارد　　دیوانه عشق است به بُستان حریرم

دریوزگی عشق عجب طبع بلندیست　　در بارگه عشق به یکباره فقیرم

دوران

من اندر ناله دیشب سوزش پروانه را دیدم

بگرد شمع پرهای پردردانه را دیدم

فغان بلبل رنجور را در باغ برگلها

شنیدم ناله محزون آن دیوانه را دیدم

نه او را با من دیوانه کاری بود در آنشب

نه مهری الفتی دیگر غم جانانه را دیدم

دگر با من سر الفت نبودش چشم جادوئی

که من چشمان آن افسونگر دردانه را دیدم

شراب ارغوانی در کفم لرزید ساعتها

تمناهای ممتد لب پیمانه را دیدم

بدل گفتم هزاران داستان از مهربانیها

ندانستم چه گفتم لیک آن افسانه را دیدم

دلم را در خم زنجیر سویش یافتم گفتم

سرانگشتی میان گیسوی بی‌شانه را دیدم

شنیدی ناله مستانه را و دوش خندیدی

خدایا من مگر آن ناله مستانه را دیدم

جرس

بیار باده که امروز عاشق هوسم
درم گشای و بگو از چه ساکن قفسم
غریب و بی کس و در وادی عدو حیران
ندیم گرد و غبارم رفیق خار و خسم
مگر گناه نمودم باین دیار رسیدم
گناه دل به که گویم مگر بدادرسم
ز ترس روز و شبم بگذرد چو عاشق پیر
از این که تا به ابد گرد یار خود نرسم
ترا کجا مددی شد که لب گشائی و گفت
غم درون نتوان گفت جز به کار و کسم
نه راه گفتن و رفتن نه جای رنجیدن
برید شاخه و برگم نمود تا هرسم
نوای زنگ شترها ز کاروان نرسید
دگر همین دل پُر غصه می‌زند جرسم
قسم به عادل یکتا خدای بی همتا
که من بدرگه او تا سحر چه در نفسم

فرزانه (۲)

گر از این دیر و خرابات به میخانه روم

با می سرخ از این خانه به آن خانه روم

با دو پیمانه بدست من و معشوقه من

لب به لب باگل خود عاشق و مستانه روم

ذکر الله به تسبیح و به قرآن جویم

مست حق گردم و در دیر چو دیوانه روم

هر دلی در حرم کعبه به حج راه برد

به حضور قدمش با سر مردانه روم

روزه را در رمضان با همه عصیان گیرم

در نمازم بسوی حق همه دردانه روم

لیک تزویر و ریا را به جهنم ریزم

نه به رضوان خدا دلق به افسانه روم

نفروشم ورق مهر به سجاده و دلق

سر بسر واله چوگل بر در گلخانه روم

«گر از این منزل ویران بسوی خانه روم

دگر آنجا که روم عاقل و فرزانه روم»

جان

که گفت جـان بشـر راگـرفتن آسـان است
تو می‌کُشی همه را این نه شرط ایـمان است
خداست او که بـه یکـباره مـی‌ستاند جـان
خدا نه‌ای چه ستانی روان که آن جان است
بشر که شیشه عـمرش شکنت در کـف تـو
تـرا خـدا شکـند آرزوی مـن آن است
اگر تو جـان بشـر راگـرفته‌ای شکـی نـیست
که جان تو هـدف تـیغ تـیز یـزدان است
تو عاقلی که خـدایت نـظاره کـرد و بـدید
تو غـافلی کـه هـم او رهـبر مسـلمان است
ترا که گفت کـه الله یـار و یـاور تـو است
ترا که گـفت کـه نـامرد مَـرد مـیدان است
چو تیغ دست تو افـتاد خـون بـپا کـردی
بدان که خون تو ریزد خدا که رحمان است
بـدان کـه دوزخ پـروردگار خـانه تست
بدان که گوشه رضوان سـرای خـوبان است
زمان پیش وطـن خـوب بـود و زیـبا بـود
کنون خرابه شدست و هـمیشه ویـران است
تو رسم نـنگ عـرب را بگـوش مـا مـرسان
که نـام خـانه مـن جـاودانـه ایـران است
چو عدل و داد و مروت نکرده بـی‌انـصاف
لذا تـوحش او هـم مـثال حـیوان است
بـیا و راهـبری کـن وفـا و عشـق و تـمیز
که راه تو ره عثمان و شمر و سفیان است

وطن

فـــرزند وطـن بشـنو از دیـده دل و ز جـان
ویــرانـه کـنون بـنگر مـقیاس بـدان ایـران
اسلاف که خود هر یک سر مشق هـنر بـودند
با چشم بر ایـن صـحنه مـاندند هـمه حـیران
خورشید زمـان بـودند هـر یک صـنم دوران
بنگر که چه شـد کشـور امـروز دریـن دوران
دیشب که سروش غیب خوش زمزمه می‌کردی
در گوش شنیدم گفت هرگز تـو مشـو پـژمان
در شادی تـو یک دل هسـتیم هـمه شـادان
در نوحه و الحـانت گشتیم هـمه بـی جـان
پـندار کـه دهـقانی یک شـاخه گـل بـنشان
شاید که ز تو ماند ایـن گـل بـه سـر اخـوان
این مرد وطن را خود یاری بده چـون مـادر
شاید که ازیـن یـاری مـادر شـودت شـادان
یـاران هـمه در مـاتم از دوست مشـو فـارغ
شـو مـتحد و یـکـدل درگـوشه هـر زنـدان
از مرگ ندارم بـاک هسـتیم هـمه از خـاک
ایران تو مشو ویران چون نیست تـرا خـذلان
این چرخ سـتمگر را بـیش است جـفاکـاری
فتحی تو جـهان را خـود آئـینه عـبرت دان

عزم سفر

مجنون نیم که عزم سفر سوی ری کنم / با دشمنان خویش من این کار کی کنم
دیوانه نیستم که در این کارزار ننگ / مجنون صفت به خانه خود راه طی کنم
با هیچکس سخن دگر از کشورم مگوی / من با خدا نشینم و تدبیر ری کنم
گفتند کاین شراب نباشد دوای درد / پس کی شکایتی به لب خم می‌کنم
گوید بکُش هر آنکه نداند طریق ما / قاتل نیم چگونه من این کار وی کنم
گوید بزن هر آنکه ز تدبیر ما جدا است / اینکار را به نام چه افسانه پی کنم
از ما برفت رفعت کاووس و کیقباد / کی می‌توان حکایت دارا و کی کنم
پائیز آمد و گل و سنبل به باد رفت / ترمیم باغ را چگونه که در ماه دی کنم
آواره‌ام بسوزم و سوزانم آشیان / آتش به جان خویش زنم کار نی کنم

دوری از مادر

بدیدارم نمی‌آئی خدا را خوش نمی‌آید
چرا مادر نمی‌خواهی خدا را خوش نمی‌آید
تو فرزند خودت را بی جهت ترک ابد کردی
به قبرستان روان کردی سرش سنگ لهد کردی
همه گویند مادر پس چرا اینجا نمی‌آید
تو از سردی بی پایان مرا مثل جسد کردی

تو مذهب را بهانه بهر یک روز سفر کردی
خدا را در میان مانند مذهب در خطر کردی
چهل سال است تو از ما جدا در کنج تنهائی
چهل سال است در رنج و تعب ما را سپر کردی

شبی با کودکانت قصه‌ها و رازها گفتم
سخن از نرمی و از گرمی لطف شما گفتم
ولی بیهوده گفتم کذب را من ناروا گفتم
خدا را شاهد این قصه بی انتها گفتم

گناه از ماست یا از توست گو بر بچه‌ها آخر
چه گویم با تبار تو چه شد مهر و وفا آخر
تو با قرآن چه می‌جنگی کلام حق مکن باطل
دلت سنگ و لبت سرد و ندایت بی صفا آخر

خداوندا چرا قلب ورا پر از جفا کردی
ره و رسم وفا گم شد خطا براو روا کردی
خطا را در سر یک دختر بی اقربا کردی
چه کردی با دل او خانه را ماتم سرا کردی
چهل سال است ای مادر فراق ما نفهمیدی
چهل سال است بیهوده بریش ما تو خندیدی
در ایران ماندی و رنج سفر برخود گران دیدی
تو زجر و درد و غم را بهر ما آخر پسندیدی

نسنجیدی از این کارت خدا را خوش نمی‌آید
که رنجاندی دل ما را خدا را خوش نمی‌آید
بدیدارم نمی‌آئی خدا را خوش نمی‌آید
چرا مادر نمی‌خواهی خدا را خوش نمی‌آید

آلام

نازنینی که لب من ز لبش کام ربود
لعبتی بود که اندر برم آرام غنود
لب به لب‌های شکرفام وی افتاد به ناز
پنجه درگردن او حلقه ز آلام گشود
چون شراب دل پیمانه که سوزد همه عمر
لب من از لب او خنده‌ای از جام ربود
دست زیر بدَنش سینه بروی لب من
غمزه چشم ببین مژه که درگام رکود
من نوازش به سر و پیکر او می‌کردم
او چنان محو محبت شده در دام وجود
شب بروز آمد و خورشید درخشید ولی
کاش آن شب همه شب بود و شب خام نبود
سر بدرگاه خداوند نهادم آن شب
در دعا بودم و آرام به هنگام سجود

بوم و بر

من آن بوم و بر را اگر می‌پرستم — برای صفا و هنر می‌پرستم
همان سعدی و حافظ خوش بیان را — چو فردوسی نامور می‌پرستم
گل و بلبل و سنبل و شمعدانی — در آن کشور نقشگر می‌پرستم
در اینجا به دریا نبینی طراوت — من آن آب بحر خزر می‌پرستم
پرستو پر و بال خود ریخت آنجا — من آن مرغ بی بال و پر می‌پرستم
چو پروانه سوزم به شمع محافل — که در سوختن شعله ور می‌پرستم
ز داد و ز عدل و وفا و صفا را — من آنجا بهین دادگر می‌پرستم
من آن آه سرد زمانم خدایا — که از شاه یلدا سحر می‌پرستم
من از تاک ایران شرابی برآرم — که رنگش چو خون جگر می‌پرستم
در آن سرزمین جغدها لانه کرده — من آن لانه پرخطر می‌پرستم
دلم خون شد و ناله‌ام گرم و گیرا — من آن ناله پرشرر می‌پرستم
از آزادی آنجا ندارم خبر لیک دانم — خبر را ز یک راهبر می‌پرستم
کجا رفت رسم دلیری و پاکی — من آن پاکی معتبر می‌پرستم
خدایا مرا از بشر درحذر کن — چرا من خطای بشر می‌پرستم
در این وادی پر زر و زور آیا — بشر را برای گهر می‌پرستم؟
چرا ناله دارم من از غرب دنیا — چرا شرق را بیشتر می‌پرستم
صفا و وفا و کرم نیست اینجا — وفا را در آن بوم و بر می‌پرستم
از افکار پوچ همین زر پرستان — بدورم من آن مختصر می‌پرستم
بیابان مکانم زمین و زمانم — چرا آمدم من سفر می‌پرستم؟

یتیم

شده وقت آن که یکسر سخنی دراز گفتن
همه سوز و ساز دل را به حضور ساز گفتن
به بهشت راه بردن قدمی به کعبه رفتن
به ورود حوض کوثر به مثل جواز گفتن
ز عمامه و ز نعلین و ز شال و ریش و تسبیح
ز عبای بی عدالت همه احتراز گفتن
قدح شراب رضوان ز پیاله سرکشیدن
ز خمار مست مستان بخدای راز گفتن
خم گیسوی سیاهش رسن نجات کردن
بدو چشم راز دارش سخن از نماز گفتن
هوس دعا نمودن به وضوگناه شستن
به رکوع و سجده رفتن ز خدا نیاز گفتن
ره عاشقان دین را به مدینه بازکردن
همه سو به کعبه رفتن همه از حجاز گفتن
به حضور حق رسیدن طلب شفا نمودن
غم و رنج بینوا را به خدای باز گفتن
به گواه صبح صادق به فقیر لانه‌ای ده
چه خوش است آن عبادت به یتیم ناز گفتن
همه لیلی اند و مجنون همه وامق اند و عذرا
چه شود به بینوا هم صنم و ایاز گفتن

زلزله

با زلزله احـوال زمـین زیـر و زبـر شـد

هر خانه و هر لانـه ز ویـرانـه بـتر شـد

مردان و زنان طـعمه ایـن زلزله گشـتند

در زیر زمین عشق بتان رفت و هدر شد

در زیر هوار و گـل و سنگ لحـد سـرد

افتاده بدنها کـه بشـر را چه خـبر شـد

رفتند رفیقان هـمه یکبـاره چه آسـان

جسم همه شد سرد چنان آه سحر شد

گـفتند کـه آن کـودک نـابالغ مـعصوم

جان داد از این کار خدا را چه ثمر شـد

تا روی زمین زلزله افـتاد چـه‌ها شـد

آن پیکر مـظلوم تـو آمـاج خـطر شـد

هر خـانه ز پـا افـتد و هـر قصر بـریزد

درد و مرض و نـاله کـه درگیر بشـر شـد

کس نیست که فـریاد تـرا بشـنود از دور

فریاد تو در زیر زمین مُـرد وضرر شـد

پرسم ز خدا خشم تو یا مهر تو بوده است

کان مادر مظلوم کنون خون به جگر شد

ای وای خدایا مکن این کـار دگـر بـار

عدل تو کجا رفت و چرا نـاله شرر شـد

۵۱

سلام

تو در نهایت گرمی به او سلام نمودی
و خواستی که سلامت به دیگران برساند
سلام گرم ترا آن عزیز دل بشنیدی
ولی چگونه سلامت به دلبران تو خواند
دهان بسته شکسته زبان به کنج قفس ها
چگونه راز ترا برفراز دیده فشاند
چه آتشی که بدیر خراب می‌رود امشب
درون بسوزد و آتش چگونه او بنشاند
بیا و رفتن جان را ز ما تماشا کن
که رنگ مهر ربودند و عاشقان که رهاند
چگونه شرح فراق ترا بیان کنم امروز
که داغ قلب رلوفم به اشک دیده چکاند
چو نیست کشور آزاد و رنگ از آزادی
کجا کسی که سلام ترا به یار بخواند
خبر مگر تو نداری در این دیار پر از غم؟
کسی سلام کسی را بهیچ کس نرساند؟

نور را نمی‌شود پنهان کرد

دیشب ستاره‌ای بدل سرد آسمان
می‌تاخت تا دوباره قمر را خجل کند

دستی در آسمان کمر ابر می‌شکند
تا نور ماه را به زمین منتقل کند

پرنورتر ستاره خندان کائنات
می‌سوخت تا که شام و سحر مضمحل کند

انگورهای لؤلؤ سرخ ستارگان
می‌رفت تا به شاخه شب متصل کند

وز برگ شاخه‌های شب تار و خسته لب
یکسر صدای نغمه محزون دل کند

ابری دوباره بر رخ مه پرده می‌کشید
می‌خواست تا شمایل مه را کسل کند

گفتم چرا ستاره خردی در آسمان
انوار مَه ندیده شکایات ول کند

گفتند هر ستاره ز مه مهتر است ولیک
این فتنه را ستاره خُرد زبل کند

دانی که این ستاره کوچک چه می‌کند
او را توان بود که جهان مختلل کند

گویا قمر ز مهر سماوات راضی است
او خامش است و خطا محتمل کند

سنگر

در پشت کوه سخت و ستیز پر از خطر
جنگاوران ما همه آماده باخبر
در زیر سایبان صخره پرمدعای کوه
آماده نبرد دلیران ما نگر
با غرشی که دشمن ما کی کند ظفر؟
خنجر بدست و خُود بسر دست بر کمر
«در پشت کوه سخت و ستیز پر از خطر»
آنجا که دست باد پراکنده آذری
آنجا که کارزار جدا کرده تن ز سر
آنجا که خارهای فراوان قله ها
پیچیده بر لباس نگهبان چو جام شر
سربازها نخفته در این وادی هراس
سربازها نکرده شکایت بدادور
«در پشت کوه سخت و ستیز پر از خطر»
افتاده در کنار یکی جنگجو سری
خِرخِرکنان جدا شده از تن به تیغ تَر
اندر کنار وی تن مجروح دیگری
افتاده بر زمین کله خُود و آن سپر
اسبی بحال نزع فتاده بدست و پا
در حال مرگ از هدف دشنه و تبر
«در پشت کوه سخت و ستیز پر از خطر»

این جان سپردگان همه از روی جهل و امر

آماده نبرد شدندی بیک خبر

یکسر جوان خرد کشور مظلوم بی‌حصار

یکسر بسوی کشته شدن رفته از نظر

از صبح تا به شام همه در ره فنا

از شام تا به نیمه شب یا که تا سحر

«در پشت کوه سخت و ستیز پر از خطر»

آنکس که خدعه زد بدل کودکان بجنگ

وانکس که کرد حیله و تزویر را اثر

و آن مرشدی که جان هزاران تباه کرد

و آن سیدی که تیر بیانداخت بر شجر

در نزد کردگار توانا مقصرند

جرم سیه دلان نبود هیچ مختصر

«در پشت کوه سخت و ستیز پر از خطر»

شفق

شــفق از دور چــون گــلهای آتش
بــچشم گــرم و زیــبا و حــزین بــود
بــرنگ زعــفران از دور مــی‌سوخت
تو گویی هــمچو بــاده آتــشین بــود
چو کم کم دور مــی‌شد پشت کــوهی
رخش همچون شقایق خشمگین بــود
مــرا دیــد و بــمن راز دلش گــفت
تو گویی دردهایش این چــنین بــود
خــدایــا آتش رویــم بــپوشان
که خشم من کجا از روی کــین بــود
مــــرا آتش نــــهادی در نــــهادم
تــرا آتش بــه انگشتم نگین بــود
مــسوزانــم دگــر طــاقت نــدارم
شفق هستم گــناه مــن نــه ایــن بــود
چــو از پشت افــق تــنها گــذشتم
غــمم بــا آتش قــلبم قــرین بــود
چــو از یکسو بــه یکسو مــی‌کشانی
مرا آتش مزن خواهش هــمین بــود

آخرین نشانه

با تب به خانه آمدم من از شهر دورا دور

تا باز بنگرم من چشمان آرزو را

چشمان او پر از اشک از گونه‌اش سرازیر

افسرده خسته تنها صد آه در گلو را

علت سؤال کردم گفتا که نامه دارم

ترسم خبر رسیده بشکسته‌ام سبو را

من نامه را گرفتم با صد هزار وحشت

بگشودم و بخواندم هر جمله مو به مو را

دیدم نوشته در آن کای نازدانه دختر

نشکسته‌ای سبوئی لبخند زن عدو را

پایان رنج و زحمت تحصیل مال و مکنت

آید بدست هر کس کو کرد جستجو را

زین پس خدای را شکر کان لحظه‌های غمگین

پایان رسید و دیگر خوش دار رنگ و رو را

خوش نامه بود کامد بر دختر عزیزی

آمد دوباره بر جوی آن رفته آبرو را

شکر

شکر لب شکر خو شکر دل شکر پا
چو بیماری قند شیرین همه جا
شکر بر زبانش شکر در دهانش
شکر در بیانش چو شکر سراپا
تشکر ز شکر زبانش نمودم
به شکرانه از شکرش نزد دانا
شکر خنده هایش شکر برده در لب
عسل شد خجل در بر او خدایا
شکر پیشه شکر فروشد به یاران
بهاء شکر را کنون برده بالا
شکر خنده دارد شکر حسن و زیبا
شکر ریز و شکر سخن یا شکرخا
شکر ساز وگولی دهانش شکرچین
شکر چشم و شکر نشان قند اعلا
شکر پاش نازش شکرسان شکرفام
شکر پیچ و شکر هنر بی محابا
شکر رای و شکر دهان وقت گفتن
شکر ریزه شکر شکن پای برجا
چو شکر فروشان فروشد شکر برگ
شکر پاره شکر قلم مست و رعنا
شکر پای این دختر ناز و شیرین
از او مانده شیرین همه شهد و حلوا

دورو

در بـزم تـو مـن آمـدم امـا جگـرم سـوخت

قـلب و سـر دیـوانـه و دیـد بـصرم سـوخت

بـی بـندی و بـی بـاری و احـوال تـو دانـم

بـازم ز خـطا آمـدم و تـاج سـرم سـوخت

صـد بـار سخن‌هـای تـو بـاور شـدم از مِهـر

امـا چکـنم تـیغ تـو خُـود و سـپرم سـوخت

هـر کـار کـه گـفتی همه کـردم به نهایت

لیک آنچه تـو کردی همه خود بال و پرم سوخت

گـفتار تـو در مـجلس یـاران چـه اثـر داشـت

کز دیو و ددان هر چـه کـه آمـد اثـرم سـوخت

دیگر بـه سخن‌هـای تـو گـوشم نـدهد گـوش

آن تـوشه کـه بـرداشت دلم در سفرم سوخت

بـیهوده کـه در مـجلس مستان بـنشستم

آن جـام شـرابـم بشکست و کـمرم سـوخت

از دشـمن نـادان هـوس شکـوه گنـاه است

از دوست بـود آنچه کـه زیـر و زبـرم سـوخت

۵۹

عمل قلب

مگـر آواز قـلبت را شـنیدی؟   که یک شب از تپش هایش سخن گفت
تـرا دیـوانـه کـرد و بـی سبب کشت
چو یک شب با تو از درد و محن گفت

* * *

شبـی بـود و بـخواب نـاز رفـتـی   کـه فـردا بـاز در کـارت شتابی
سـحرگاهان ز درد قـلب جـستـی
پـریشان خـاطر و بـااضطرابـی

* * *

از اول فکـرت آمـد درد سـاده است   و یـا دردت ز قـلب پـربها نیست
چـه فکر سـاده‌ای در خـاطرت بـود
نـدانسـتی کـز او راه رهـا نیست

* * *

چو آمـد بـامداد و مه نـهان شـد   طـبیبت گفت قـلبت گـشته بیمار
تـرا بـاید بـه جـراحـی سپارد
کـه پـیوندی زنـد بـر قـلب پُرکار

* * *

سـخن‌های طـبیبت را شـنیدی   ولی وحشت ز مـرگ و زنـدگی بـود
هـزاران قـصّه نـاگـفتنی را
به خـود گفتی کـه از شرمندگی بـود

٦٠

حجره

گر ناله ما را تو ندانی که بداند؟ — ور دانی و تدبیر ندانی که بداند؟
درماندگیم را همه دانند و ندانند — تو با من درمانده نمانی که بماند؟
از درد و غم و ناله و فریاد به افلاک — پیغام مرا گر نرسانی که رساند؟
یک عمر به دامان تو من لابه نمودم — گر لابه یک عمر نخوانی که بخواند؟
من مهر به درگاه تو کردم که بدانی — تا مهر به قلبت ننشانی که نشاند؟
گفتم بتو از روز ازل جان به سر آرم — تا جان عزیزم نستانی که ستاند؟
بر شانه تو دست رقیبان مزّور — تا دست رقیبان تو نرانی که براند؟
جان من دل خسته بیمار نزاری — از جور زمان تا نرهانی که رهاند؟
بر آتش سوزان دلم یک نظر ای دوست — گر آب به آتش نفشانی که فشاند؟

ویرانه من خانه دلسوختگان است
گر در دل این حجره نمانی که بماند؟

صبح سپیده

یک شب شدم عاشق بتو ای صبح سپیده

پروانه شمع تو شدم خواب ندیده

بال و پر من سوخت از آن آتش سوزان

کز چشم تو بر جان من خسته رسیده

در دام تو افتاد و به دنبال تو جان داد

مرغ دلم از گوشه بامت نپریده

بیچاره گمان داشت که تنها تو عزیزی

در دور زمان عشق عزیزان نچشیده

بنشسته به پای تو و آن غمزه و نازت

وز جور تو و ناز تو هرگز نرمیده

بگذشت جوانی و سرور و دگر امروز

موی سیهش ریخته اندام خمیده

او مشتری روضه رضوان خدایی است

گویا که بهشت ابدی را بخریده

آن شب دل بیچاره که دیوانه او بود

او بر دل دیوانه نگاهی نکشیده

دانی که در این لحظه دل من به چه کار است

بیچاره دلم باز برای تو تپیده

٦٢

آشنای دل

آن کس که با غم دل ما آشناست کیست

اندر زمانه لعبت مشکل گشاست کیست؟

آن کس که بشنود سخنم را ز راه دور

گوید که این سخن سُخَن آشناست کیست؟

آن کس که در زمانهٔ بی اعتبار دهر

از درد و محنت و غم و زاری جداست کیست؟

آن کس که گل ببوید و مدهوش بگذرد

دیوانه گل و باغ وصفاست کیست؟

آن کس که دل رباید و بیگانه پرورد

پیوسته در سرایه چون وِ چراست کیست؟

بر عمق فکر شاعر پژمردهٔ زمان

گویند راویان که مدرس کجاست کیست؟

افتاده‌ایم از دل و از دیده بی‌گمان

این امر خیر در کف آن بی وفاست کیست؟

من از زمانه غیرت مردانه عاشقم

آن کس که با زمانه پرمدعاست کیست؟

سازنده‌ای که گفت جهان پایدار نیست

درّی بسفت و جمله کلامش بجاست کیست؟

بر سینه‌ام نشسته غم سال‌های سال

آن کس که درد سینه ما را دواست کیست؟

اشعارم

شعر من فرزانه دلبند من است   شعر من مانند فرزند من است

کودکم را خلق کرد آن کردگار   از من و وز مام و پیوند من است

لیک شعرم خالقش من بوده ام   خالق اشعارم و قند من است

پیش از آن که کودکم آید به دهر   شعر من جان داشت آوند من است

می پرستم دفتر شعرم که او   خالقش هستم چو لبخند من است

دوش دیدم دفترم در گوشه ای   بی بها، بی یار پابند من است

همسرم رنگ صفایش را ندید   یا نداند کو که الوند من است

گفتمش شعرم از اوبالاتر است   شعر من یکدانه ترفند من است

در کنارش مفکن و بیدار باش   او چو جان ماست در بند من است

با تو نرد عشق را من باختم

عاشقم شعرم همه پند من است

چه خبر

چه خبر دوست ره یار کجا یار کدام

منزل عشق رها شد ره اغیار کدام

ماجرای سخن عشق بپایان نرسید

نشنیدی که خدا گفت به دلدار کدام

آشیانی که در آن مرغک مظلوم رواست

قفس بسته نباشد همه آزار کدام

تو مگر قصد شکار دل غمدیده کنی

که شکار تو همین است پس اسرار کدام

رحم کو عاطفه کو مهر که آموخت چه شد

رقم تربیت مرشد و معمار کدام

سالها بود که در تربیتش کوشیدم

قصه کو دفتر و پیمانه و معیار کدام

کشورم کشور آزاد ز فحشا دیدم

چادر و مقنعه کو داروی بیمار کدام

بر تنت خرقه حرام است تو ای شیخ برو

گریه و زاری و آن دیده خونبار کدام

روزی آید خبری وز تو نباشد اثری

روز فرجام کجا منبع اخبار کدام

نگریستن

نکته دارم همه این گنبد مینائی را
که به عالم ببرد رحمت عیسائی را؟
با ندیمی که دلش محرم اسرارم بود
گفتم ای دوست چه سازم غم تنهائی را
غنچه شد آن لب شیرین به جوابم این گفت
که ز تن ها چه گریزی سر سودائی را
گفتمش پای بکوی دگران دارد رای
گفت رایت چه کند سود خودآرائی را
گفتم ازیاوه سرایان دل من خونین است
گفت بر یاوه مده دولت دانائی را
گوش من خسته از آوای غم بی وطنان
گفت باگوش مکن بنده شناسائی را
گفتم از دیدن هرکاره که دارد هوسی
گفت برخیز و ببین ارزش رسوائی را
زخم مردم همه را مرهم و درمانش ده
بگذر از درد و رها ساز تن آسائی را
در تواضع هدفی خفته که بازش گویم
که گدا تکیه ندارد زر و دارائی را
گفتم ای دوست بگو بر من مجنون سخنی
که از این جسم چه خواهم دگر آقائی را
بزبانی که چنان مرغ بگلشن می‌خواند
گفت برخیز و نظرکن همه زیبائی را
«دیده را فایده آنست که دلبر بیند»
«ور نبیند چه بود فایده بینائی را»

عهد و پیمان

قسم خوردم خدایا با گلی عهدی نبندم من

مگر در گلستان‌ها رنگ و بویش را پسندم من

سحاب و سایبان گلشنی گردم دریغ از گل

که خارش در کفم افتاده داند دردمندم من

دلم را در کف یاری گذارم تا غمش داند

لبم را بر لب جامی که از مهرش بخندم من

شبی چون باغبان بر گوشه بستان نظر کردم

بر آن گلخانه دل بستم کنون من پای بندم من

نمی‌دانم به راهی می‌روم یا راه گم کردم

شب و روز و مَه و سالم عبث مدیون پندم من

بهنگام می و فصل طرب مرغ قفس گشتم

که از رفتار چرخ کج به هر سوی وبه هر دم من

سفر دور و دراز و من در آن راز و نیاز خود

چه سازم با که پیوندم که از بیگانه کندم من

الا ای اشک آتش زا، بزن بر آتشم آبی

مرا سوگند ده تا با گلی عهدی نبندم من

دم

غنیمت دار دنیا را که دنیا یکدم است ای دل

که دَم دنیای امروز است و سهم آدم است ای دل

بده بر یار پیغامی که عشق زندگی داند

مخور دیگر غم و اندوه دنیا درهم است ای دل

بگیسوی سیه آن پنجه زرین بکش جانا

که جعد زلف مشکینش همه پیچ و خم است ای دل

ببوس آن چشم زیبا و بنوش از اشک او زیرا

که صاف است و زلال و برمثال زمزم است ای دل

تو دنیا را چه می‌بینی ندانی قدر دم هر دم

ز جور و سختی دنیا همه فریادم است ای دل

از این دم‌ها گذر کردن نباشد کار انسانی

هزاران بار سنجیدم خطا را یادم است ای دل

طواف کعبه دل کن که به از کعبه شد پیدا

خدا دل آفرید و کعبه از اجدادم است ای دل

همه دم را غنیمت دار و قدر آن بدان ساقی

که هر کس قدر دم داند براو میلادم است ای دل

نامه رسان

ای نامه رسان نامه ما را برسان بر
آن داور و آن داور و آن داور داور

دیروزکه آن کشور جم بود مظفر
از عشق و صفا و ناز و وفا بود مصوّر

امروز اگر کشور جم نیست سراسر
از نور خداوند کرم بخش منوّر

درکشور جم ریخت همه حقد و حسدها
وز حقد و حسد کینه به مظلوم زد آذر

روزی که جنون در سر آن مرد درافتاد
وز فرط جنون شهرت او رفت ز خاور

آن مرد سراپا همه از عشق مبرا
آن مرد که خواندند ورا رهبر کشور

وقتی که بدن‌های عزیزان دلاور
در زمزم و دریای خدا گشت شناور

آنجاکه جوانان بامید ره رضوان
گشتند شهید ره گم گشته منبر

آنجاکه یکی دختر مظلوم کفن پوش
رفت از برآن خواهر واز دیده مادر

آنجاکه نویسنده ندارد خبر از خود
دست و قلمش در ره ابلیس میسر

آنجاکه زنان بر سر خود مقنعه دارند
پوشانده سر و روی خود از شیخ مکدّر

بر اوکه بنام تو خدایا همه راکشت
مهر تو ندانست وز قهر تو زد اخگر

کردند بنام تو خدایا چه گنه ها
بردند ز نام تو همه حرمت و زیور

کشتند عزیزان و رفیقان و دلیران
با تهمت طاغوتی و مفسد همه یکسر

ای داور دادارکجایی توکجایی
این است ره عشق و صفا با من یاور

نام تو نه شایسته این حزب خدائی است
نام تو بود برتر از این برتر وبرتر

آیاکه تو درد دل بیچاره ندانسی؟
یا دانی و درمان نکنی درد من آخر

این مضحکه این مهلکه برگیر از ایران
این غائله را برکن از این ملت مضطر

ای نامه رسان نامه ما را برسان بر
آن داور و آن داور و آن داور داور

اردک

اردکی در سقف مهمانخانه‌ای یک لانه زد

در درون لانه تخمی کرد و آنجا خانه زد

روزها رویش لمید وگرم کرد آن تخم را

تاکه اردکها برون گردیده نوک بر دانه زد

از زمان لانه سازی تا ظهور کودکان

چند ماهی شد که صاحب خانه برسر شانه زد

صاحب مهمانسرا چون دید حال اردکان

او توقف داد کار ساختن فرزانه زد

شهرداری گفت تا مرغک نشد از لانه دور

صاحب مهمانسرا را نیست حق تا خانه زد

حق حیوان را نگه دارند این خوش مسلکان

حق انسان را بدست مردمی بیگانه زد

سالها مردان ما در کنج زندان‌های خصم

بالها سوزند از شمعی که بر پروانه زد

ارزش حیوان در اینجا بیش از انسان بود

سالها باید که انسان را رهی مستانه زد

حق حیوان را نگه دارند و حق آدمی

ای برادر کیست آن وحشی که این افسانه زد

۷۰

بی اعتنا

کسی که قدر تو داند چرا که قدر ندانی
دلی که بهر تو لرزد تو لرزشش ننشانی
تو مهر قلبی ما را چرا که ساده گرفتی
مثال غنچه غمگین چرا که تنگ دهانی
من آمدم که ببینم ترا و برگردم
بحال تب تو مرا از حضور خویش نرانی
دلم گرفت عزیزم که من ستاره مهرم
مزن دگر بدل من تو تیر ظلم نهانی
ترا فرشته مهر و وفا و عشق بخواندم
مگر خطا شده از ما بجانب تو زمانی
نیامدی تو ببالین خسته بیماری
من آمدم که سلامی کنم بروی تو آنی
برای هر غم تو مرهمی بپا کردم
تو قدر اینهمه مهر و وفای ما که ندانی
اگر خطا نکنم اشتباه از من بود
بسادگی بتو دادم دلی که قدر ندانی

ابر بهار

مـثال ابـر بـهاران گـریستن داری

تو هـمچو غـنچه گـل مـیل زیستن داری

چنان پـیاله مـی در تـلاطم امـواج

بـه ژرفـنای دلم قـصد ریختن داری

شبیه جـام شـرابـی کـه در بـشارت عشـق

بکـام تشـنه لبـان ره گـریختن داری

تو قطره قطره اشکـی کـه در طراوت گـل

بـر آن نسـیم بـهاران فـریفتن داری

بـریز بـر سـر مـن همچو قطره باران

ز اشک دیده شـرابـی کـه در بـدن داری

خـدای روز سـپید رقـیب سـازد تـار

که سـر نـه در ره یـاران بـی وطـن داری

خـطاست در بـر یـاران اگـر وفا نکـنی

که در وفاست سخـن ها اگـر سخـن داری

بگو به شمع کـه بـیدار بـاش تـا دم صبح

که اشک مـن بـه گـریبان و پـیرهن داری

مگـر بـه کلبه یـاران شبی گـذر نکـنی

کـه قـلب پـاک مـرا رنگ نسـترن داری

وفـا و رحـم و مـروّت بـدیگران والاست

نیرزد آنکـه مـحبّت بـه خـویشتن داری

همدان

ســاقیا ســیم رخــم از هــمدان آمــده ام

هـــمه دانـند کـه از نـصف جـهان آمـده ام

چه سیه مو چه گل اندام چه خوش خو صنمی

کـه بـه سـیرت زکـران تـا بکـران آمـده ام

همدان نیست مگر شهر سلام و صلوات

کـه در آن شـهر مـصفا بـه جـهان آمـده ام

غـــار و دریـاچه زیـبای چـنین شـهر بـبین

تا بدانی تـو چـرا مـن بـه تکـان آمـده ام

شــهر بـم ارگ بـلندش همه را عـذر بنه

که بر این دخترکان بـا چـه تـوان آمـده ام

دختران خوشگل و زیبا و مـؤدب چـون گـل

منکه پـروانـه نیم بـا چـه گـمان آمـده ام

روم آنـجا کـه بـبینم هـمه محبوبان را

کـه مـن از دیـدنشان اشک روان آمـده ام

کـاش او را بـه بـهار دل خـود مـی دادم

نــه چـو امـروز کـه از راه خـزان آمـده ام

مـی روم در هـمدان تـا کـه بـبینم رویش

گر چه پیرم همه بـا عشق جوان آمـده ام

گر بـبوسم لب لعلش تـو مکن مـنع مـرا

کـه مـن از بـم بسراغ همدان آمـده ام

٧٣

علی

منم که بنده شرمم توئی که بنده نوازی

منم سجود نکرده توئی که فکر نمازی

تو با یتیم رفیقی تو کار ظلم ندانی

فقیر را پدری تو علی تو سروِ فرازی

رکوع و دعوت حق را به سجده کرده منوّر

به صبح وشام و سحرگاه مرد راز و نیازی

به نیت دل پژمردگان رسیده ندایت

به نزد خالق من یکدلی تو محرم رازی

در این سرای پر از غم صحیفه ابدیت

ترانه‌های نشیبی کرانه‌های فرازی

طهارت تو منزه تو کیمیای مرادی

تو مظهر هنری شاهکار عشق حجازی

کسی که عشق تو دارد کسی که نام تو آرد

بماند تا به ابد سیرتش چو عمر درازی

صفای خُلق تو دانست آنکه عشق تو دارد

که در وفا همه محمودی و ز عشق ایازی

طواف کعبه نموده است هر که دور تو گردد

که شیعه را تو صوابی براه حق تو جوازی

صدای ناشناس

شنیدم نغمه صوتی که از راه گلو آمد
چو آب رفته‌ای یکباره بر جان سبو آمد
در آن صوت خدائی یک جهان ناز و صفا دیدم
بگوشم نغمه‌ای شیرین ز راه گفتگو آمد
در آن شرحی ز سوز و ساز و قلبی مهربان دیدم
دلی آشفته و لرزان به نزدم پیش رو آمد
ندیده چهره‌اش یکباره قلبم ریخت در دامن
که پشت سیم سیما چهره‌ای خوش رنگ و بو آمد
یکی شعر و غزل می‌خواند پر ناز و وزین اما
صدایش پرده سازی که از تاری نکو آمد
هم از مهتاب آنشب شیوه شیدای ظلمت را
چنان گیسوی او در شام تارم مو به مو آمد
اگر چشمان مستش را بدستم داد یک روزی
به گلبانگ دلی بخشم که بهرش آبرو آمد
خدایا مهربانان را مدد کن روز و شب یکسر
که از مهر و وفا عرش تو پیدا اندر او آمد

کعبه

تو در کعبه رفتی صفا را ندیدی / ندای خدا را شنیدی خدا را ندیدی

باذن خدا داخل کعبه رفتی / در آنجا تو خفتی سرا را ندیدی

صفا و وفا و کرم عشق و مستی / در آن خانه پر بود و آنرا ندیدی

پر از حقد و کینه دلت بود و دیگر / خدا را فراموش کردی خطا را ندیدی

تو ای بوالهوس در حضورش چه گفتی / خطا را نهفتی خفا را ندیدی

تو حاجی شدی بازگشتی ز مکه / صفات خداوند اعلا ندیدی

مگر روزی آید سراغت پیامم / که در عرش اعلا چهها را ندیدی

برو ای ریاکار از کعبه بیرون / تو آن کعبه پر بها را ندیدی

مراد

مراد دل ز که پرسم که درد و غم دارد
حکایتم به که گویم که محترم دارد
ز کُنه قلب رئوفم صدای غم خیزد
بیا ببین که پیامی ز صبحدم دارد
غبار کینه دگر نشنوی ز خاطر ما
اگر کسی شنود راز را کرم دارد
مکن تو شک که بغیر از تو نیست دلداری
که را بجز تو حریم ره حرم دارد
دلم ز لاف فرومایگان علیل شده است
که لاف شیخ ریائی ز متهم دارد
عزیز مصر که یعقوب یوسفش خواند
ز بوی پیرهنش هر قدم رقم دارد
بگو جواب مراد دلم تو ای ساقی
که پاسخ سخنت را صنم درم دارد

تهران

شهری است پرهیاهو ما را چه کار در آن
آهووشان فراوان صید و شکار در آن
هرگوشه ناامیدی هر لحظه نابکاری
امنیتی نباشد اندر کنار در آن
آشفتگی بمعنا رسم وفا به طوفان
جور و جفا نشیند در دل قرار در آن
هر ناله‌ای و فریاد در سینه‌ها بماند
سوزد دل و نشیند اندرکنار در آن
فقر وستیزه جوئی رسم جفا و ادبار
بینی تو در معابر چون رهگذار در آن
غم‌های مردم ما انباشته چوکوهی
کس نیست تا ببیند یک غمگسار در آن
گویم اگر حدیثی گویند خدشه دارد
دارم اگر حکایت گوید چه کار در آن
آن دلبر خجسته پایم نمود خسته
دیگر نظر ندارم بر آن نگار در آن
عهد خزان برآید هر غصه‌ای سرآید
وقتی که سال نو شد و اندر بهار در آن
روزی شود که یارم قدر وفا بداند
اندر شمار آید آن روزگار در آن

رهنما

بمن بگو که من ای دوست رهنمای تـوام

که روز و شب به خیال تو در سرای تـوام

مـرا بـخوان وبگـو پـر بـزن بیا پیشم

که چون تو در بر یاران چو بـالهای تـوام

تو دانی و من و اغیار در کشـاکش صـوت

من آشنای تـوام گـرمی صدای تـوام

رقیب را تو مبر در سرای خود ای دوست

قسم به بـاده خـونین کـه آشنای تـوام

سخن بیاوه سرودی که قدر عشـق نـدانم

منم که شهره شهرم کـه در ثـنای تـوام

مخوان زبـونم وتـرک جفـاکـن وبـنگر

که در خفای تو مجنون دل ربـای تـوام

بگیر دست مرا سایه شـو بـه فـرق سرم

که حامی تو منم من کنون عصـای تـوام

همیشه وصل ترا سخت و بـی ثمر دیـدم

به درد هـجر تـو افتاده‌ام بـرای تـوام

در سر خاک مریم

مریم تو بخوابی و ندارم اثر از تو
رفتی و نگفتی چه بلا رفت سر تو
آلام ترا دیدم در بستر بیماری
اشک تو سرازیر به رخسار زر تو
بیهوده کفن پوش شدی چهره نهفتی
ای ناز تو ای مریم کوبیم در تو
تا بار دگر باز به جشن تو درآید
آن حوری و پروانه بی بال وپر تو
آن مادر فرسوده ندارد خبر امروز
کز گردش ایام چه آمد به سر تو
در پای مزارت سخنی گفت و بگریید
آن مادر مظلوم که بودی سپر تو
دست تو بدستش شب و روز و مَه و سالی
خوش بود دمی دست وی اندر کمر تو
هر شب تو به دامان وی از غصه نخفتی
درد تو فزون بود و نداند پدر تو
مریم تو کجا رفتی و صبرش به سر آمد
گفتم که مگر خشک شود چشم تر تو
رفتی ز بر مادر غمدیده و اکنون
فریاد زند مادر با داور تو
این درد کجا بود که آمد به سراغت
سوزاند به یک لحظه همه زیر وبر تو

در وصف دوست

رفیق من که تو مهر خدایگان داری
رفیق را ز محبت تو جاودان داری
صفای عشق تو دیوانه کرد قلب مرا
دمی که آینه در پیش دل عیان داری
نشان مهر تو از دیدگان من پیداست
به دیده‌ام همه شب اشک دل روان داری
از آفتاب تو روشن شود دل «کاظم»
که در مقام محبت تو این نشان داری
تو مونس دل دلخستگان بیماری
تو شاهکار خدایی و سازمان داری
سرت سلامت و قلبت قوی، دلت پرنور
همیشه از میو معشوقه بر زبان داری
خدا کند که تو ایمن ز درد و غم باشی
ز چشم بد به زمانه تو در امان داری
به رنگ گل که تو شاه گل و گلستانی
که تخت و تاج چو هوشنگ ارغوان داری
همیشه آرزوی من که جان اخلاقی
امان ز دست تبهکار آسمان داری
مگو که «کاظم» مدح توگفت از سر عشق
که او بنام تو اشعار دُرفشان داری
همیشه زنده از اخلاق پاک وگرم توام
کلام بد ز لب سالمت نهان داری

در سوگواری علی خیاط

بنا به تقاضای فریده سروده شد.

امروز گر زنم به دهانم دهانه را / یا آنکه سرزنش نکنم این زمانه را
عشقی بزیر خاک فرورفت و ما هنوز / دنبال آن کسیم که برد آب و دانه را
کی روزگار بر من و او رحم می‌کند / دنیا خراب می‌کند از پایه لانه را
کردم نگه به طالع او پیش آینه / دیدم در آن میان قفس سردخانه را
روزی به من حکایت خود را نهان بگفت / دیدم کشیده آتش غم‌ها زبانه را
گفتم به خود که عاقبت کار مشکل است / لرزید قلب من چو شنید آن فسانه را
هر دم علی بدیدن یاران حضور داشت / آهنگ عشق خواند و نوای و ترانه را
با پنجه‌های نازک انگشت خون بها / بر پای می‌نمود چو بزم شبانه را
او با وفا و با صفت و مومن و شریف / هر صبح می‌شگفت توگویی جوانه را
خندان چوگل، ستبر چوکوه و قوی چو شیر / مملّو از هنر زکران تاکرانه را
سخت است و نیست چاره دگر ای خدای من / بردی ز دست ما تو توانگر خزانه را
هرگز مگوکه رفتی و از دل برون شدی / هستی میان ما و مگیر آن بهانه را

اکنون دعاکنیم و فرستیم آنچه هست
بر روح پاک تو سخن شاعرانه را

هجران

نه به سَر هوای عشقی نه بـه دیـده دیـدبانی
سـخن از طـرب نگـفتم بـزبان بـی زبـانی
بتو راز دل سپردم کـه تـو مـحرمی بـه دلهـا
همه عجز و لابه کردم که تو سرّ دل بـدانـی
نفسم به سینه چـرخـید وبـه آه شـد مـبدل
تو به قـلب آتشـینم هـمه اشک مـی‌چکانی
چه شکایتی که سر زد چه حکـایتی کـه گـفتم
ز قـفس فـرار کـردم تـو چـرا نـمی‌توانـی
شب و روز من هدر شد که ببینم از تو رویـی
هـمه آرزوی دل بـود کـه در بـرم بـمانی
قفسم به بـاغ بـردی کـه مگـر دگـر بـخوانـم
به چمن چگونه خوانـم بـه حـضور بـاغبانی
تو مگر خبر نـداری کـه اسیر عشقت امشب
بـخیال وصـلت آیـد بـه گـمان بـی گـمانی
بـه رقـیب ره نـدادم نـدهم تـرا ز دستم
که خوش است با خیالت که تو اندر این جهانی
چه شود اگـر کـه یک دم نـفس صـبا گـذارد
که به کلبه ام بـیایی تـو شـبی بـه مـیهمانی

هنرمند دوست

تو ای آرام جان امشب صفای محفل مایی

جلای مجلس مایی و اندر منزل مایی

تو یکتای هنرمندی عزیزان را تو پیوندی

خدای نغمه و آهنگ بی شک در دل مایی

رفیقی، یاوری، یاری، وفایی، یار دلجویی

تو ما را ریشه و برگی همه آب و گل مایی

هنرمندی ز ایرانی رفیق راه یزدانی

تو در رسم وطن خواهی رفیق عاقل مایی

هنرمندان فراوانند لیکن ای عزیز دل

تو در خط هنرمندان صدای کامل مایی

سخن هایت همه زیبا و کردارت مسیحایی

که در غربت نمی‌رنجی تمام حاصل مایی

به هر کس مهر می‌ورزی ز هر کس داد می‌جویی

همیشه‌ای رفیق من تو مرد عادل مایی

به مجنون سر کویت امید و آرزوهایی

به ظاهر ناقه لیلی به باطن محمل مایی

درد بی درمان

از درد خود چگونه بنالم طبیب کو
وز گل چه شکوه‌ها که دگر عندلیب کو؟
جانم بسوخت در هوس وصل دیدنش
دیگر صدا نمی‌کندم آن نهیب کو؟
ما تکیه را به همت بیگانه داده ایم
از دوستان بری که سرای فریب کو؟
تسلیم مرگ در هدف درد و زجر و غم
در آسمان پریم کجا آن صلیب کو؟
دشمن همیشه پای مرا بوسه می‌زند
پس آن کناره‌گرد نحیف آن حبیب کو؟
گفتند واعظان که گناه من و تو زود
بخشودنی است در بر حق آن خطیب کو؟
در مجلس زمانه به تاریکی زمان
زنجیرها به پا به دیار غریب کو؟
درس وفا گرفت وبه آن هیچ عمل نکرد
ای وای بر زمانه که درس ادیب کو؟

چرا

چرا دیگر به شعر خود سر و سامان نمی‌بخشم؟

به تنهایی تن هایی اثیر جان نمی‌بخشم؟

چرا در سایهٔ مهتاب از رؤیا نمی‌گویم؟

چرا در خواب بر رویای خود الوان نمی‌بخشم؟

چرا از سایهٔ گل‌ها سراغ عشق می‌گیرم؟

چرا آزادی بلبل ازین زندان نمی‌بخشم؟

چرا در کشور ابر و مه و باد و نم و باران؟

سفرهای دراز خویش را پایان نمی‌بخشم؟

مگر دیوانه‌ام تا می‌گریزم ز آفتاب گرم

به کس اندر بیابان‌ها گلی ارزان نمی‌بخشم؟

چرا مذهب فروشان را کنم واقف به هشیاری؟

بدین لامذهبان دیگر چرا ایمان نمی‌بخشم؟

گدایان مسلمان را خبر دادم به دیناری

گدای نامسلمان را چرا من نان نمی‌بخشم؟

اراجیف فزون در گوش ما شد سال‌ها اما

سخنران مسلمان را دگر میدان نمی‌بخشم؟

عدو چاپید نفت ما ولی حالا تو می‌دانی

چرا بر دشمن ملت دگر ایران نمی‌بخشم؟

یاران

درون سینه‌ام با بی زبانی ز خود کردم سؤالی ناگهانی
چه شد رسم وفا و مهربانی؟ بگفتا اندر این دنیای فانی
دلا یاران سه قسمند ار بدانی

بدل گفتم که ما را همزبانی که در راه رفاقت هم بیانی
چه قسمند این رفیقان هیچ دانی؟ بمن گفتا برسم میزبانی
زبانی اند و نانی اند و جانی

اگر می‌خواهد او نان بر لبانش رفیق ار نیست با ماجسم و جانش
چرا گیرم از او تاب و توانش؟ چه باید کرد با روح و روانش
به نانی نان بده از در برانش

ندانم من تعارف لیک دانی که گل را می‌دهم من سایبانی
نبردم ره به آمال روانی کجا شد بر تو آن عشق نهانی
نوازش کن بیاران زبانی

بگفتا لحظه‌ای بگذر از این کار تو از آزار مردم دست بردار
نمی‌بینی که می‌سوزد از این نار؟ نسازی با رفیق مردم آزار
ولیکن یار جانی را بدست آر

بحکم دوستی بر عشق فانی بحکم مهربانی جانفشانی
بحکم آیه‌های آسمانی اگر یابی تو یکدم یار جانی
بجانش جان بده گر می‌توانی

یاقوت

انگشتر یاقوت تو رنگش مثه خونه — اون قلب منه دست تو افتاده چگونه؟
ای وای خدا داد من از این بت زیبا — بستان که دل من بخدا تازه جوونه
بگذار بگریم که همه ملک بدانند — کاین لعبت زیبا چقدر نامهربونه
از لرزش اندام و نگاه نمکینش — از عشق خودش کرده دل مارو دیوونه
هر دم که سخن از لب خندان کند آغاز — با تیر غمش کرده دل و دین رو نشونه
از دست تو من خسته شدم کم گله کن کم — مرغ دل من کرده هوای تو و لونه
از هر مژه چون یاسج گشتم هدف تو — ابروی تو در بدو نظر تیر و کمونه
فریاد ز انگشتر دست تو و فریاد — از قلب خودم نالم پس عشق تو چونه

لانه ویرانه

روی نسیم سحر لانه زدم بی سبب
لانه فروریخت بس ناله زدم نیمه شب
از عدم لانه‌ام خانه ویرانه ام
دشمن من شاد شد غافل از اصل و نسب
دشمن من لانه را برد به شهر عدم
خانه مخروبه را داد به ایل عرب
اشک من و آه دل پایه کاشانه سوخت
پایه کاشانه سوخت ز آتش سوزان تب
اشک مرا تا رقیب دید وگهردانه را
شاد شد و از حسد خنده بزد بردو لب
لرزش مهتاب هم سایه آن لانه بود
اوج ثریا به عرش رقص نمود از طرب
مَرد ریاکار هم مملکت از ما ربود
دست تبه کار او سوخت وطن را عجب
دیگر از این پس نسیم جای من زار نیست
برده زمین از یتیم خورده وجب در وجب

نامهربان

آمدم وه چه طربناک و چه شادان بودم

در ره عشق تو من واله و حیران بودم

تا که روی تو ببینم به تماشای گمان

بی سبب در ره دلداده هراسان بودم

دوستان از تو و از مهر و وفایت گفتند

من دلداده بدین گونه پریشان بودم

همه گفتند که تو کشته دیدار منی

من پذیرفتم و دستان به گریبان بودم

من بامید تو این راه تحمل کردم

شوق دیدار ترا باز تقبل کردم

آمدی لیک نه عشقی نه صفائی کردی

بدل دوست نه مهری نه وفائی کردی

طرز رفتار تو سردی و جفا دربرداشت

من ندانم که چه شد تا که جفائی کردی

سردی دست ترا لمس نمودم یکبار

درد و غم‌های دلم را چه دوائی کردی

مگر ای دوست تو اخبار وفا نشنیدی

که بدین گونه ز محبوب جدائی کردی

چه خطا بود که من مهر تو باور کردم

سخنان تو چرا زیور دفتر کردم

تصنیف در آهنگ دستگاه ایرانی ساخته شد.

«گل توی سبد»

نازنین بگو چه کرده‌ام (۲)... چه گفته ام
کز من وفا دار... یکباره بریدی
مَه جبین ترا قسم می‌دم (۲)... بگو به من
از زبان این یار... آخر چه شنیدی
اگه به عرش اعلا بـری　　　اگه بعمق دریا بری (۲)
اگه اینجا و اونجا بـری　　　اگه در خم ابرا بری (۲)
رفیقی مثل من نمیتونی بیابی (۲)
عزیزی مثل من نمیتونی بسازی (۲)
گل توی سبدم بردار و بگیرم (۲)
که من عاشقتم نزار بمیرم (۲)

گلرخم بپر تو دامنم (۲)... چه شد که دیگر
از دامن دلدار... بیهوده گریزی
دلبرم بیا روی سرم (۲)... مرا مرنجان
از قلب شرربار... آتش رو نریزی
اگه دنـیا فـقط غـم بـاشه...　　　غم و جدایی توام باشه (۲)
اگر سـختی و مـاتم بـاشه...　　　اگر هزارهـا آدم بـاشه (۲)
رفیقی مثل من نمتونی بیابی (۲)
عزیزی مثل من نمتونی بسازی (۲)
گل توی سبدم بردار و بگیرم (۲)
که من عاشقتم نزار بمیرم... (۲)

شب شعر

شب شعر است و یار از من تمنای وفا دارد
ز شعر نغز و شیرینش مرا در دل صفا دارد
گرفته دامن حافظ فشرده دفتر سعدی
فتاده بزم فردوسی نسیمی از صبا دارد
زبان پر از کلام عشق و جان آغشته در شادی
با شعار و غزلها نغمه از مرغ خدا دارد
سخن از صائب و اقبال و خیام و نظامی ها
غمم را در حباب سینه چون مه بر ملا دارد
غزل‌های روان خواند رباعیات پرمعنی
قصاید را پیاپی در حضور و در خفا دارد
نمی‌گوید ز هجر و درد هجرانش بکس دیگر
از این اندیشه بیهوده‌گوئی‌ها حیا دارد
نمی‌باشد نمک بر زخم بیماران بی یاور
نمی‌دانم که بر دردش چه کس درد و دوا دارد
شب شعر است و بنشسته میان جمع یارانش
تو گوئی اندر ایران است و شعری پربها دارد
بجان دوست با یاران بخوان شعر و غزل هر شب
که این بزم عزیزان را چه کس اندر کجا دارد

امیر

شـیر دریـــالی کــه فـــرزند امــیر بــاور است
از شجاعت و ز دلیـری شیر جـنگل را سـر است
شـیر در جــنگل کــه شاه کـلّ حـیوانـات شـد
ترسد از این شیر دریـالی کـه کـارش بـهتر است
مـن نـدیدم شیر در دریـا بـغرد چـون نـهنگ
لیک فــرزند تـو مـی‌غرد کـه او شـیر نـر است
بهترین شیر زمـان ایـن شـیر دریـالی مـا است
چون پدر شیر است و مادر شیر و او هم آذر است
چـون امـیر پـیشدادی شـد پـدر بـر ایـن پسـر
شـــیر دریـــالی بـدنیا آمـد از جـان بـهتر است
ای امـــیر مـــهربان ایـــن کـــودک زیـبای تــو
شیر دریا شد که اصلش بـاز هـم در خـاور است
شـیر دریـــالی کـــنون دارد یکــی زیـبا پسـر
از قشـنگی و ز مـلوسی شـهره جـان پـرور است

برای امیر پیشداد و پسرش
که غواص دریا و بنام شیر دریا می‌باشد

عروسی

چراغ‌هـــای فـراوان، حـباب‌های زیـاد　　فکـنـده بـرسر دیـوار، نـور، شـعله، مـراد
ز چـلچراغ بـزرگ و قشـنگ سـالن عـقد　　فضای این محوطه پرشد ز نور و شور چو رعد

عروس وارد این جشن شد بـه نـغمه ساز
خوش آمدید و مبارک بـه نـغمه بـراو بـاز

کـنار او یکـی از مـردهای خـوش انـدام　　سبک قدم به تبسم زهی بـه خـنده تـمام
عـروس دست ورا مـــی‌فشرد از شـادی　　که وه چه قول و قراری بـاین صنم دادی
تــو قــول زنـدگی تـاابد بـدفتر من　　نگـاشتی کـه کـند شـاد یـار و یـاور من

برای مـهر یکـی شـاخه‌گـل مرا بس بـود
کـلام اللـه و یک آیـنه مشخص بـود

من از تو سیم و طلا را نکردمی درخـواست　　قسم که عشق تو تـنها مرا بـدیده دواست
من از خدا هـمه عشـق و ثـبات را جـویم　　بـخانه مـــهر و وفـا و رضـات را جـویم

ز من همیشه تو احساس را طـلب مـی‌کن
نه از بـدن بـدهان بـوسه‌های لب مـی‌کن
صفای عشـق هـمان رازهـای پـندار است
صفای عشق هـمان قـلب‌های بـیدار است

مشاهده دکل قایق‌ها در ساحل

دکل قـایق‌ها هـمه چـون جـنگل خشک
همه چون آدمکی که سرش برده به عرش
همه در خط ردیف به سر قایق ها
به کـنار صدف ساحل دریـای خـموش
همگان گوش به گوش همه بیدار سـروش
همه در وحشت از آن آتش دریا و خروش
آتش موج و صـفیر هـمه مـرغان بـهوش
لحظه‌ای چند گذشت...
باد و طوفان بهوا رفت و دکل‌ها همه کج
برق و باران و تگرگ و دکل از کج به فلج
همه امواج پراکـنده بـه مـن از سـر لج
مثل وامانده ز دنیای غنا. رفته بـه حـج
آن دکل‌ها که چو سرنیزه سربازان راست
همه افتاده ز پا همه کج بی کم و کـاست
همه صد شکوه ز باد که نه این کار رواست
همه از ناله ز ابر که هم او از خود ماست
همه در سرزنش آتش و برق...
لیک یک پـای شکسـته دکـلی
که تنش خم شده در قایق و آب
گـفت ایـراد نگـیرید ز بـاد
گـفت ایـراد نگـیرید ز ابـر
گـفت ایـراد نگیرید ز بـرق
گـفت ایـراد نگیرید بـه مـوج
گـفت ایـن کـار خـداست
گـفتم ایـن خشـم رواست؟

چکنم خالق ماست چکنم خالق ماست

رویای سفر

بین دو بال ابر چون امواج کف به لب
بر خسته ساحل لب دریا نظر کنم
بر بال ابر نامه نویسم که ای رقیب
چون موج بر تو غلطم و دفع خطر کنم
تا ابر نامه را برساند بیار من
من با تو ای رقیب چه خاکی بسر کنم
دیروز نامه‌ای که به گلبرگ حک زدم
امروز برگ خشک گلی را هدر کنم
پروانه بال خود ورق دفترم نمود
آن شمع سوخت نامه و بالش سپر کنم
پروانه سوخت یکدم و آن نامه نیز سوخت
دیگر ز شمع و آتش و چشمان حذر کنم
خطی زنم به قله کوهی که بلکه کوه
آن عشق را بخواند و من دیده‌تر کنم
روزی که بشنود سخن عشق را ز من
آندم براه دلبر صادق سفر کنم

خودداری

به شرافتم قسم دست به زر نمی‌زنم من
به کمال خستگی لب به شکر نمی‌زنم من
نه شکایت درون را به برون کشانم امشب
که شکایت برون را به بصر نمی‌زنم من
نه بر آن سپیده سیما هوس حرام دارم
که دو دیده را بر آن سرو و سحر نمی‌زنم من
نه من آن گناهکارم که دل آورم بدامی
که به قول کاوه تیری به کمر نمی‌زنم من
تو اگر که دامنت پاک و دلت اسیر مانده
من خسته جان نهالی به تبر نمی‌زنم من
تو برو هزار کشور همه را بگیر در بر
که من این دل ثمین را به خطر نمی‌زنم من
تو اگر که مهرورزی دل دوستان بلرزی
منم آن ستبر مردی که شرر نمی‌زنم من
بخدا اگر که شمسی و اگر که ماه باشی
به طراوت دو گونه لب‌تر نمی‌زنم من
تو و آن نگاه جادو که خموش بود و زیبا
من و آن دو چشم گریان به گهر نمی‌زنم من
شب و روز می‌نپاید، مه و سال می‌گریزد
که من آن بد جهان را به ثمر نمی‌زنم من

صباوت

مرا فروخت به یاری که او نداشت لیاقت

مگر ندید ز من راه و رسم عشق و صداقت

وفا نمودم و خود را بدامنش بیفکندم

ز من جدا شد و یکباره سوخت عقل و کیاست

رفیق راه من و بی سبب کنار رقیبان

برید رشته مهر و صفا و راه رفاقت

چو مرغ پر زد و پنهان بزیر ابر سیاهی

بزیر پرده نهان شد به پنجه‌های سیاست

چه اشک‌ها که برای تو ریختم بشب از غم

مگر خبر شد از آن زخم جان به‌گاه جراحت

ترا چو سرور خود روی سر امان دادم

بروکه نیست دگر در تو ماجرای ریاست

خدا کند که تو خوش باشی و خداحافظ

خدا کند که بمانی بخاطرم چو صباوت

بالاتر از همه

من او را بدامان ابری نشاندم | که بالاتر از او ردائی نباشد
در آن عرش اعلا دعایش نمودم | بجائی که غیر از نوائی نباشد
بحق داستان حقیقت بگفتم | که غیر از حقیقت صفائی نباشد
سرش را بروی دو زانو فشردم | که خوابش برد بل ندائی نباشد
دلم را گروگان قلبش نمودم | که غیر از دل دوست جائی نباشد
من آهسته گریم بپای غم دل | که در گوش یارم صدائی نباشد
فقط نام او رونق مجلس من | که بی نام یارم جلائی نباشد
تو برتر ز هر آرزوئی عزیزم | که بالاتر از تو خدائی نباشد

عرب

مردان عرب خود را سالار زنان دارند

مردان عجم را نیز تقلید بر آن دارند

مردان همه آزادند از پوشش ننگ خود

پوشیده زنان خود از دیده نهان دارند

بر دشت و دمن آزاد چون روسپی شیاد

ریش و سر و ساق خود پیدا و عیان دارند

لیکن زن بیچاره آن عاطفه مظلوم

روی و سر و چشم او مخفی ز جهان دارند

گویند اگر زنها پیرو نشوند از مرد

باید که زنند او را گر زور و توان دارند

ور زن نکند تمکین زین بی صفت بی دین

در بستر خود دیگر زنهار زنان دارند

این آیه قرآنی در سوره زنها نیست

مردان عرب گویند از سوره نشان دارند

ای زاهد بی تدبیر بر زن چه کنی تحقیر

سالار زنان تا کی از مکر زنان دارند

اعرابی بی ایمان تزویر کند قرآن

تا محشر کبرا را از خویش نهان دارند

۱۰۰

قطره

چـون پـرخش قـطره در آبـم غـریق آب نـابم
قــطره بــاران عشـقم رفـته دیگـر صبر و تـابم
قــطره‌ام امــا زلالم قــطره‌ام امــا ظـریفم
اشک چشـمم، اشک عشـقم تـا مگـر قـلبی بـیابم
قــطره فــواره‌ام مــن هـر چـه بـالاتر جـهیدم
بـــازافـــتادم بـــپایین بـــاز هـــم در زیـــر آبـم
شب کـــنار ابـــرها در آســـمانها مست و تـــنها
روز در گـــرد گـــل و پـــروانـه و بـرگ و گـلابم
ژاله‌ام تــرسم کـه افـتم بـر سـر سـنگ صـبوری
یــا کــنار گـل بـه خـاری اوفـتم سوزد روانـم
بــارش بـاران بـه شـبها رونـق مـهتاب خـورده
نور خورشید از افق پیدا و مـن بـیهوده خـوابـم
من نـفس را حـبس کـردم در مـیان سـینه خـود
تــا کــنار آیــنه آهــم نگـرید چـون ربـابم
قــطره‌ام هــرگز نــدارم قــصد آزار عــزیزی
سوختی قـلبم، مـده زجـرم مکـن سرخ و کـبابم
من که انـدر آسـمان بـودم در آزادی چـو بـاران
پس چــرا پــنهانم و بــیهوده در زیــر حــبابم
آتش و خـــاکستـرم پـروانـه و گــل نـیستم مــن
در ره عشــق تــو سـوزم، آتشم، دردم، خـرابم

رؤیا

بس که بـوسیدم دهـانش را لبـم نـاسور شد

قند شیرین لبش چـون خـوشه انگور شد

صورتم را بر دو چشمانش فشـردم بـی سبب

مژه‌اش چون یاسمن بـر گـونه‌ام زنبور شد

تا بـه ساق پـای زیبایش رسیدم سـوختم

هر چه بالاتر سرینش، همـچو کـوه تـور شد

بوسه‌ها را تک تک و آهسـته بـر مـی‌داشتم

دانـه دانـه بـوسه‌ها انباشت کـار مـور شد

لَخت شد بیهوش شد افتاد در بـی عـالمی

خون به اندامـم زد و مـاهیچه‌ها پرزور شد

غلط می‌زد بسترش می‌ریخت برهم این عجب

گـاه اطلس زیـر پـیکرگاه رویش تـور شد

تـور بـر انـدام او پـیچیده غـوغا مـی‌نمود

برق پستانش به چشمم زد تو‌گوئی کـور شد

مـن کـه راه زنـدگی را سالها گم کرده ام

زنـدگانی از بـرایـم بـار دیگر جـور شد

خسته بـودم کـوفته درمـانده از انـدوه کـار

خستگی هایم ز تن بـیرون بسـوی گـور شد

صبح شد بیدار گشتم ز آنـهمه عشـق و صفا

تاکه خورشید آمـد و آن بسترم پرنور شد

می نـبود و تـاک و زلفـان گـلی در بسـترم

کـار رؤیـا بـود و یکباره دهـانم شـور شد

خواب بودم خواب دیدم آنچه در بالا گذشت

باز هم این مـغز بـی فرمان کـاظم بـور شد

۱۰۲

غلط انداز

دوستی عاقل بظاهر غیرعاقل در خفا
در لباس گوسپند و خارج از مهر و وفا

مرد گم‌گردیده در افکار پوچ و بی حساب
بارها بنشسته برتخت صدارت برملا

گاه با دوز وکلک با دختری پیمان زده
وه چه شیرین با تمام خلق و مملو از صفا

گاه بی‌انصاف لاف دوستی میزد به ما
گاه بی علت به صلحش می‌دهد رنگ جفا

گاه طردم از خود و از خاندانش می‌کند
گاه آمال مرا یکباره دارد زیر پا

الفرض این بنده وارونه حق ناشناس
دوستانش را ز غصه می‌کند هر دم رها

کس نمی‌داند که او دیوانه یا عاقل شده
لیک محسوس است برهرکس که دارد جنگها

او روانکاو است باید خویش را درمان کند
نیست چون شایسته وبایسته بردرمان ما

غربت

در این غربت سراپیوسته در فریاد و آهم من
چنان بی خانمان خسته ای از رنج راهم من
چنان آزرده از عمامه و نعلین و سجاده
که خوش بنشسته مرغی بر در شهر گناهم من
ز فریاد شرر خیزد بکوهستان چو برخیزد
دگر از انعکاس ناله درکُه رو سیاهم من
چو رفت آن خانه و ویران شد آن سامان آزادی
دگر در عمق هر شهری چو مرغ بی پناهم من
نه پیکی می‌رسد از آن عزیزان جگر خونین
نه پیغامی به آن یاران که من گنج تباهم من
در این کشور در آن کشور در این معبد در آن مسجد
پیاپی در پی پیدایش یک راه و چاهم من
نویسم داستانم را به بغض و گریه و آهی
به اشک دیده‌ام سیلاب اخترگاه گاهم من
بهر کس می‌رسم اندوه خود را باز می‌گویم
به شکوه از افق وزگردش گردون و ماهم من
اگر شمشیر دستم بود طغیان بودم و آتش
چو خنجر دست آنان شد رفیق سر براهم من

مریم

از آســمان بــزمین آمــدم خـدا اعلـم

کـــه تـا بـدیده بـبینم شـمایل مریم

عـــروس شــهره شـهر و طـراوت ایـران

رخ ظریـف و دو چشـمان بـرای جـان مرهم

چـه روزگـار درازی نـدیده بـودم مـن

رضـا و مـریم و لیـلی یگـانه‌ای بـاهم

نـوای مـریم مـا هـمچو مـادرش زیبـاست

صفـات مـریم مـا خـود نشـانی از عـالـم

هم افتخـار من و هم چو دوست تاج سرم

نگـــین حـلقه شـوهر طـراوتـی بـاهم

عـــروس قـــوم نصـارا و مـادر عیسی

چـو روح پـاک خـداونـد بنـده‌ای اکـرم

بیا بـرم کـه تـو دردانـه دخـتری نـازی

تـو گـلشن مـنی و مـادر خـدا مـریم

۱۰۵

مستمند

به حضور مستمندان که رساند این دعا　　　که بجرم مستمندی تو نخور فریب ما را
تو ز شیخ شهر هرگز ننموده‌ای سؤالی　　　که چرا نکرده اجرا ره و رسم انبیاء را؟

به تو مستمند هرگز نرسیده بیت و مالی　　　که ز بیت و مال مردم ندهد ترا دوا را
به دمشق ره نداری نه به مکه و مدینه　　　ره شیعه بسته گشته نه نجف نه کربلا را

زن و دخترت فکندند به سر سیاه جامه　　　همه عقد شیخ و رمال و چنین کند نسا را
تو همان گدای بودی و همان غلام هستی　　　که به نام تو چه ثروت که رسید ناخدا را

تو شدی فدای دولت نه فدای ملت ما　　　به بهشت ره نداری چکنی ره رضا را
بخدا قسم که جانت زکفت برفت و دانی　　　که رئیس فرقه بسته دهن تو بینوا را

تو بگو سخن نگویم بزبان چو حاضرم من　　　تو بگو که نشنوم من همه نغمه خدا را
تو بگو که ره نپیمای و دو دست خویش بربند　　　همه را قبول دارم همه را کنم من اجرا

ولی ار بمن بگوئی که ز عقل دیده برکن　　　نتوانم آن پذیرم ز تو و ز عرش اعلا
ره شیخ راه حق نیست شده ره شیاطین　　　بخدا پناه بر تا بردت ز دل بلا را

نیمه شب

شبی راه و گذارم راه او شد — دل گم گشته‌ام همراه او شد
دل دلداده‌ام آکنده از عشق — بدنبال غزالی بور مو شد

اطاقش گرم و تاریک و فریبا — ولی یارم به بستر خفته تنها
کنار بستر او ایستادم — توگوئی رای من افتاده از پا

سیاهی شب از مشکین نگاهش — چو پنهان بود از چشمان بازم
فشردم چشم و مژگان باز کردم — که تا بینم دمی چشمان نازم

چه گویم با گل افتاده در خواب — وفا و عشق من برآب رفته
گل مژگان سیاهم خواب رفته — دل پر پیچ و تاب از تاب رفته

چو اندوهم به تاریکی سرآمد — غبار حسرتم بر پیکر آمد
نگه کردم به سیمای لطیفش — نگاهی کز نگه‌ها برتر آمد

عذار و صورتش سیماب دیدم — خداوندا مگر من خواب دیدم
به نرمی پیکرش سنجاب و قاقم — همه گیسو چو زر ناب دیدم

دمی غلتید در جایش مرادم — پتو افتاد دیگر رفت یادم
نمی‌دانم چگویم شرح این راز — فقط دانم که از بهر تو زادم

نگـــه افــتاد بـــر ســـاق بـــلورش
بـرآن ساق و سُرین و مـوی بـورش

هـمـه اسـرار هسـتی فـاش گشـته
خـدایـا چشـم بـد بـادا بـدورش

مـــلایم روی بســـتر آرمـــیدم
کـــنار پـیکرش خـود را کشیدم

نـمی‌دانـم دگـر بـعد از لمیدن
چه کردم یا چه گـفتم یـا چـه دیـدم؟

بـه آغـوش بُتی افسـونگر آن شب
فـتادم مست و مـخمور و غـزلخوان

درآغـوشش بـخواب نـاز رفـتم
تـوگـویی بستری چـون مـوج لرزان

نـهفتم لب بـه لب‌هـای ظـریفش
مـیان بـازوانـی گـرم و زیـبا

نـخفتم بـی سـبب بـیدار مـاندم
کـه تـا بـیدار کـردم یـار رعـنا

خـداونـدا گُـنه کـارم تـو دیـدی
ســخن‌های مـن و او را شـنیدی

نـدانـستم چـه کـردم لیک دانـم
خـداونـدا تـو او را آفـریدی

گلایه

ای پیر بسرحد کمالم نرساندی　　　مرهم به شکسته پر و بالم نرساندی
در محبس تاریک عدو روز و شبم مُرد　　　ایمای گُریزی به خیالم نرساندی
ای پیر دگر از تو ره چاره چه جویم؟

روز و شب من مصرف دیوانه سرم شد　　　افسانه ایّام که افسانه ترم شد
دشمن که اجازت به شکایت ندهد لیک　　　از دوست چه گوئیم که بیگانه ترم شد
دیوانه شدم غصّه خود را به که گویم؟

از سود و زیانست همه صحبت ملت　　　گو اینکه خدایان همه دورند ز علّت
علت همه در دست و دوا نیست برآنها　　　جز ناله و فریاد و غم و زاری وذلت
خاموش شوم یکسر و دیگر چه بگویم؟

انسان نشدم یافت در این وادی دنیا　　　بلبل نتوان دید به سر پنجه عنقا
انسان همه باید سخن نیک بگوید　　　رسم و صفت نیک همه رفت به یغما
برپای که من گریم و دنبال چه پویم؟

ای پیر سخن‌های تو نورِ بصرم بود　　　هر گفتهٔ تو شکر و شهد جگرم بود
من گفته پذیرفتم و گفتم که چه زیباست　　　پند تو چنان بود که پند پدرم بود
ای پیر دگر باره مکن روی بسویم

در دفتر دل نام ترا خط زدم امروز　　　در کعبه حق داد عدالت زدم امروز
گفتم به خداوند که او مرد خدا نیست　　　یارب که سخن‌ها به صداقت زدم امروز
ای پیر دغل راه نیابی تو به کویم

ای پیر دگر از تو ره چاره نجویم　　　دیوانه شدم غصه خود را به که گویم؟

جنگ

روزی رسیده مـژده کـه شد انـتهای جـنگ

راوی رسید و گفت که هست ابـتدای جـنگ

هـر روز ضـربه‌های فـراوان بـجان رسید

هر شب بغل گـرفته بـه زانـو عـزای جـنگ

در کوچه‌ها فتاده پیکر مردان به خاک و خون

با خون و جان گرفته همه خـونبهای جـنگ

در مـنجلاب سختی و فـقر و گـرسنگی

سـربازها فکنده سـر خـود فـدای جـنگ

بـرهم زدنـد مـجلس و تـالار رودکی

آتش زدنـد خـانه مـا از جـفای جـنگ

بـیچاره مـردمی کـه نـدارنـد کـار و کسب

بـایـد کـه بـرقرار نـمایند پـای جـنگ؟

بـا خـون دیگـران نـتوان شست هر گناه

تـا بـرفکنده زیـربنا پـایه‌های جـنگ

تـا عـقده‌ها تـهی نـشـود جـنگ دایـر است

جـان و روان مـلت مـا شـد فـدای جـنگ

آن دشـمنی کـه راحت ایـران ربـوده است

تـرسم کـسه افتخار کـند در قـفای جـنگ

فـاتح کـسی نـشد کـه نـنالد ز جـنگ‌ها

دیوانه بـین کـه داده مـرتب نـدای جـنگ

در شرق و غرب غصه ما را نمی‌خورند
آنان که چشم بسته بر این اعتلای جنگ
داور جزای او بدهد کو ستیزه داشت
آغشته کرد ملت ما در بلای جنگ
در کار صلح حاجت هیچ استخاره نیست
ترسم ندای صلح شود هم صدای جنگ
از ضجه‌های ملت ایران دلم بسوخت
خواهم دوباره تا برسد انتهای جنگ
با صد دعا بجانب ایزد نظر کنیم
زیرا که اوست در همه حالت خدای جنگ

گفتگوی زاهد و خیام

شب بود و زمین نشسته بر سینهٔ خود   خیام به راز و عهد دیرینهٔ خود
تنها وغمین به آسمان کرده نگاه   می‌گفت سخن هایش به آئینه خود

چون عهده نمی‌شود کسی فردا را   حالی خوش دار این دل رسوا را
می نوش به ماهتاب ای ماه که ماه   بسیار بتابد و نیابد ما را

ماییم و می و مطرب و این کنج خراب   جان و دل و جام و باده پر دُرد وشراب
فارغ ز امید رحمت و بیم عذاب   آزاد ز خاک وباد و ز آتش و آب

بگذشت کنار او یکی زاهد پاک   گفتا که ترا خلق نمودند ز خاک
این می که تو می‌خوری حرام است حرام   ایزد ز گناه توست اینک غمناک

خیام نگاه بر رُخ زاهد کرد   گفتا که برو مکن تو رویم را زرد
این می که خورم نشان آن رندی توست   وین گفته تو است بند جانم را درد

گر می نخوری طعنه مزن مستان را   بنیاد مکن تو حیله و دستان را
تو غرّه بدان مشو که من می‌نخوری   صد لقمه خوری که می غلام است آنرا

ای آمده از عالم روحانی تفت   حیران شده‌درچهاروپنج وشش و هفت
می خور که ندانی از کجا آمده ای   خوش باش ندانی به کجا خواهی رفت

زاهد گفتا که‌ای گنه کار سیاه   می می‌خوری و عمر خوشت گشته تباه
فکر من زهد پیشه در پای بهشت   جای تو بود درون دوزخ گه گاه

خیــام بــه زاهــد از خــردمندی گـفت   کـای زاهــد پــاک دامـن و مـرد درست

افکــار تــو کــی شــود بــه افکــارم جفت   مـی خـور کـه بـزیر خـاک مـی‌بـاید خفت

دریاب که از روح جدا خـواهـی رفت   در پـردهٔ اسـرار فـنا خـواهـی رفت

مـی نـوش نـدانـی ز کـجا آمـده ای   خـوش بـاش نـدانـی بـه کجا خـواهـی رفت

گویند کسان بهشت با حور خوش است   من می‌گویم کـه آب انگور خـوش است

این نقد بگیر و دست از آن نسیه بـدار   کـاو از دُهل شنیدن از دور خوش است

زاهـد گفتا مـرا چو ایـزد بسرشت   دیـوانـه نـمود و کـرد از اهـل بـهشت

ای مست دغـل بـرو کـه تـا تـوبه کنی   ورنـه تـو شـوی بـه داخـل دوزخ زشت

خیام و دو دیـدگان چـون کـاسهٔ خـون   از زیــر دو ابـروان نـموده است بـرون

بـا چشـم خمار گـفت ای زاهـد پـاک   بـرخیز و بـرو مـزن تـو بـر جـان افسون

من هیچ ندانم کـه مـرا آنکـه سرشت   از اهـل بـهشت کـرد یـا دوزخ زشت

جامی و می ای و بـربطی بـر لب کشت   این هر سه مرا نـقد و تـرا نسیه بـهشت

اجرام کـه سـاکنان این ایـوانـند   اسـبـاب تـردد خـردمندانـند

هـان تـا سـر رشته خـردگُـم نکنی   کـانان کـه مـدبّرند سـرگردانـند

زاهـد گفتا کـه عشـق و هسـتی گـذرد   عمرت همه بـه کـه عین مستی گذرد

ای نـامه سـیاه حـور عـینت نـدهند   چون حاصل تـو بـخود پرستی گذرد

خیــام بگـفت آنکـه بـا پـرهیزند   آن سـان کـه بـمیرند چنان بـرخیزند

مـا بـا مـی و معشوق از آنـیم مـدام   بـاشد کـه بـه حشرمان چنان بـرخیزند

گویند بهشت و حوض کوثر باشد　جوی می و شیر و شهد و شکر باشد
پرکن قدح باده و بر دستم ده　نقدی ز هزار نسیه خوشتر باشد

هرگز دل من ز علم محروم نشد　کم ماند از اسرار که معلوم نشد
تحقیق فزون دو سال کردم شب و روز　معلومم شد که هیچ معلوم نشد

زاهد دمی از سخن فرو شد در فکر　و اندیشه و آه و سوز با ناله بکر
دانست که حاصل جهان نیستی است　گفتا که می ام دهید تا گیرم ذکر

چون زاهد و خیام بهم بست شدند　جامی دو سه می‌زدند تا مست شدند
خیام به آه گفت کی زاهد پاک　از نیست چه بود جمله تا هست شدند؟

ای دوست بیا تا غم فردا نخوریم　وین یک دم عمر را غنیمت شمریم
فردا که از این دیر مغان درگذریم　با هفت هزار سالگان سربسریم

قومی متفکرند اندر ره دین　قومی به گمان نشسته در راه یقین
ترسم که یکی بانگ برآید روزی　کای بی خبران راه نه آن است و نه این

می‌نوش که عمر جاودانی این است　خود حاصلت از دور جوانی این است
هنگام گل وباده و یاران سرمست　خوش باش دمی که زندگانی این است

مذهب نبود هیچ مگر حُسن سلوک　کشور نبود هیچ مگر عزم ملوک
آیا بشری تو یا که حیوان چون خوک؟　فتحی نشود شیفتهٔ گفتهٔ پوک

خیام بداده درس عبرت به جهان　با دوست مدارا کن و خوش باش برآن
در دهر محبت کن و بنگر به زمان　پیش از روزی که جسم بگذارد جان

صلح!

میلیون نفر ز مردم ما بر فنا چرا؟ — میلیون نفر ز حیله به دام بلا چرا؟
دیوانه وار بر در و دیوارها زدن — مجنون صفت چو دیو سراپا خطا چرا
از جنگ هشت ساله چه نفعی بما رسید — وز خون بیگناه شراب شفا چرا؟
از پنجه کثیف عدو خون چکد هنوز — چشمان مادران به عزادارها چرا؟
کشور دریده از هم و مردم سیاه پوش — هر خانه پر ز محنت و رنج و جفا چرا؟
بیگانه غصه من و یارم نمی‌خورد — او هم نه فکر ملت بی دست و پا چرا؟
رفتند دیده بسته ز دنیا جوان و پیر — با جمله‌ای که گفته شهید خدا چرا؟
در دست من پیاله پر از شهد و شکر است — نشنیده‌ای حکایت صلح و صفا چرا؟
من از ندای صلح چه خشنود می‌شوم — لیکن ندای صلح پس از ماجرا چرا؟
شادی کنیم و یاور کشور شویم باز — ای وای صلح رفته به دار فنا چرا؟
من از خدا سؤال بزرگی کنم به حشر — **پروردگار جنگ بنام شما چرا؟**

«بمناسبت خبر صلح ایران و عراق»

«معبد» شیخ رباخوار

در ره شبی به معبد شیخی گذر شدم　　چون مرغ تیر خوردهٔ بی بال و پر شدم
شیخم هزار مسئله پرسید از عناد　　پاسخ ندادمش ز عنادش خبر شدم
پرسید از خدا تو چه دانی تو کافری؟　　با طعنه گفت کز همه مردم بتر شدم
بی مایه بر سکوت من اعلام جرم کرد　　او بی خبر که از هدفش باخبر شدم
گفتا نماز خوانده‌ای ای از خدا بری؟　　دیوانه وار آگه از آن بدنظر شدم
قصد از نماز رو بخدا کردن است و بس　　من با خدا همیشه به قصد سفر شدم
گفتا که روزه خوار به آتش شود درون　　دیدم در آتش است و از آن دل حذر شدم
مقصود روزه، دادن نان بر گرسنه است　　مقصود شیخ خوردن و خواب از سحر شدم
گفتا که خورده‌ای همه خمس و زکات را　　یاد ربوده ثروت و اموال و زر شدم
خمس و زکات را که دهد بر فقیر زار؟　　من بارها که شاهد چشمان‌تر شدم
گفتا که حج نرفته به رضوان نکرد پای　　از گفته‌اش رمید دل و دربدر شدم
دانم که هیچ فایده در ذات من نکرد　　اندرز شیخ در دل و جان بی اثر شدم
چون شیخ در قفا به ریا بهره می‌گرفت　　پس هر کلام لاف از او بی ثمر شدم
ای شیخ خون مردم بیچاره ریختی　　ایمان نبود و از کنهت باخبر شدم

با گریه باد راز دلم را به حق رساند
وقتی خدا شنید از او مفتخر شدم

ختنه سوران

درد و افسوس که در وادی عمر   درد از روز نـخستین آمـد

اگـر ایـن درد ز انـدوه نبود

از ره سـنت و آئیـن آمـد

* * *

هفت ساله شبی اندر دل جمع   میزبان بودم و خوش باور و ناز

میهمانان همه در عیش و شعف

پای کوبان هـمه در راز و نـیاز

* * *

هـمه در بـزم پیاله به کـفی   از هوسها چوگلی خنده به لب

غرق و سرشار ز مستی و سرور

بی خبر از من و از سختی شب

* * *

لحظه‌ای دست عمو دست مـرا   بـرد در کـنج اطاقی چرکین

بی خبر ز آنچه گذشت از بر من

دست سلاخ مـرا زد بـه زمین

* * *

تا که من نقش زمین گشتم زود تیغ سلاخ به مـن داده نـظر
گریه و ناله و ســوز و عــطشم
کی در آن مرد شقی کرد اثر

نه کسی هوش مرا از سربرد نه کسی حس مرا بـاور کـرد
نه کسی بود که بیهوش کـند
یا که درد تن من کمتر کـرد

* * *

شـعله سـرکش درد پسـری هیچکس را نبود یک اثری
باز در شوق پـدر یـا مـادر
پسـر در بـدر و بـد گـهری

* * *

تنم از شرم به لرز آمده بـود به کسی قصه خود باب نکـرد
چشم غمگین من خسته بـدن
دگر از بخت بدم خواب نکرد

* * *

هفته‌ها رفت و چه سختی که نرفت بـه مـن کـودک رسـوای زمـان
خوش که امروز مسـلمان شـده ام
چـون بـریدند ز مـن دیـن ددان

* * *

همدمی کو که بداند چه گذشت   به من بچه در آن شام سیاه

ختنه کردند مرا بی هنران

رسم و آئین نتوان کرد تباه

❊ ❊ ❊

الغرض ختنه سوران گشت تمام   همه گفتند مبارک بادا

تو مسلمان حقیقی شده ای

ملکان گفته تبارک به خدا

❊ ❊ ❊

به به امروز چراغان شده است   همه گفتند مسلمان شده است

کاخ ایزد چو گلستان شده است

که پسر پیرو ایمان شده است

❊ ❊ ❊

همه شادند پسر ختنه شده   جز پسر کاو شده بازیچه و دام

خود نداند که در این وادی عمر

نتوان رست از این رسم عوام

۱۱۹

نابهنگام

هجده سال گذشت از همه عمرت هاله — ریخت باران گلوله بسرت چون ژاله
حفره‌ها ساخت به قلب تو چو دالان سیاه — مادرت کرد بمرگ تو چه سوزان ناله
للفن کردی و گفتی که حلالت بکنند
رحم در محبس تاریک بحالت بکنند
بجوانی تو که تدبیر نمی‌دانستی — خواب گفتم بتو تعبیر نمی‌دانستی
گفتم این حادثه سخت است ترا می‌گیرند — تو نفهمیدی و تسخیر نمی‌دانستی
تا که تسخیر ندانستی و زندان رفتی
از دل مادر بدبخت و پریشان رفتی
دفتر عشق که بعد از تو ز دستم افتاد — بزمین خورد و ورق هاش پراکنده فتاد
لانه چلچله ویران شد و بر آب برفت — غنچه پژمرد و گل باغ همه رفت ز یاد
تو مگر دشنهٔ سلاخ نکردی باور
که ز کف گردن خود را ببریدی یکسر
ماه اول که تو پنهان شدی از خانه من — چه کشیدم چو ندیدم تو به کاشانه من
هر چه پرسیدم و دنبال تو می‌گردیدم — نشدم آگه از آن دختر جانانه من
هیچکس بر من بیچاره نگفت انسانی
یا تو در گوشهٔ تاریکی آن زندانی
آنشب قدر که کشتند ترا یادم هست — تیرباران تو در کنج خفا یادم هست
هیچکس فکر نمی‌کرد که می‌میری زود — دخترم خاطره عشق و وفا یادم هست
تو شهید ره آزادی مردان گشتی
تو فدای عَلم کشور ایران گشتی

نیمه شب

شبی راه وگذارم راه او شد | دل گم گشته‌ام همراه او شد
دل دلداده‌ام آکنده از عشق | بدنبال غزالی بور مو شد

اطاقش گرم و تاریک و فریبا | ولی یارم به بستر خفته تنها
کنار بستر او ایستادم | توگولی رای من افتاده از پا

سیاهی شب از مشکین نگاهش | چو پنهان بود از چشمان بازم
فشردم چشم و مژگان باز کردم | که تا بینم دمی چشمان نازم

چه گویم باگل افتاده در خواب | وفا و عشق من برآب رفته
گل مژگان سیاهم خواب رفته | دل پر پیچ و تاب از تاب رفته

چو اندوهم به تاریکی سرآمد | غبار حسرتم بر پیکر آمد
نگه کردم به سیمای لطیفش | نگاهی کز نگه‌ها برتر آمد

عذار و صورتش سیماب دیدم | خداوندا مگر من خواب دیدم
به نرمی پیکرش سنجاب و قاقم | همه گیسو چو زر ناب دیدم

دمی غلطید در جایش مرادم   پتو افتاد دیگر رفت یادم
نمی‌دانم چگویم شرح این راز   فقط دانم که از بهر تو زادم

نگه افتاد بر ساق بلورش   برآن ساق و سُرین و موی بورش
همه اسرار هستی فاش گشته   خدایا چشم بد بادا بدورش

ملایم روی بستر آرمیدم   کنار پیکرش خود را کشیدم
نمی‌دانم دگر بعد از لمیدن   چه کردم یا چه گفتم یا چه دیدم؟

به آغوش بُتی افسونگر آن شب   فتادم مست و مخمور و غزلخوان
درآغوشش بخواب ناز رفتم   توگویی بستری چون موج لرزان

نهفتم لب به لب‌های ظریفش   میان بازوانی گرم و زیبا
نخفتم بی سبب بیدار ماندم   که تا بیدار کردم یار رعنا

خداوندا گُنه کارم تو دیدی   سخن‌های من و او را شنیدی
ندانستم چه کردم لیک دانم   خداوندا تو او را آفریدی

برای شباهنگ

در این شهر پر از غوغا در این صحرای سرسنگی

شبی با جمعی از یاران همه محبوب و یکرنگی

صدای گرم نجمی را و آوای سپند ناز

شنیدم ساز سورن را و اشعار شباهنگی

(چو آوای شباهنگی که بر شاخ گلی خواند)

چو مریم شعر خود می خواند آوازش چها کردی

چنان کز بلبلی شیوا بگوشم نغز آهنگی

نی داودی فرشید غمها را ز دل می برد

صدای طبل اوصافی و فرزندش بدل چنگی

(چو بلبل نغمه سرگیرد غم و درد دلم داند)

همه یاران برقص و پایکوبی از هنر کامل

بروی قالی منزل که با گلهاست گلرنگی

زن زیبای صاحبخانه را دیدم که هر لحظه

زدوده از دل یاران غم و اندوه و دلتنگی

(صدای گرم او هم قلب را از سینه می راند)

شبی بود و گذشت آنشب ولی کم بود و زیبا بود

شباهنگ عزیز من بدور از هر چه نیرنگی

بدو تبریک می گویم که اشعارش هویدا شد

بدو تبریک می گویم کتابش هست فرهنگی

(پیامش تا ابد در سینه بی کینه می ماند)

تو هم ای خواجه با این کار خود کار خدا کردی

محبت را بدلها درد را دیگر دوا کردی

دعای من بدنبالت که کار اقربا کردی

کتابت خوش درخشید و بعهد خود وفا کردی

خداوندا نگهدارش دلش آئینه را ماند

قصاب بشرخوار

بیدار شو ای مردک قصاب بشرخوار
کشتار دل سوختگان را ثمری نیست
قصابی آن لاشه پژمرده بی جان
با دشنه و ساطور تو کار بشری نیست
صدها بشر از خالق افلاک ربودن
محکوم به مرگ ابدی دردسری نیست
دیدی که درختان به تبر باز بیفتند
هرگز که ز خون بشری در تبری نیست
ترسم که بیفتی به سر از منبر اظلام
آق ابدی کمتر از آه سحری نیست
آن کس که تو کشتی پدری یا پسری بود
گویی که پس از او پدری یا پسری نیست
از رحم و مروت همه دلها به نیازند
قلب تو چو سنگ است و در او دادوری نیست
اندوه پدرها و پسرها و رفیقان
هر ضجه بگوش تو بجز گوش کری نیست
ای عالم زاهد به خداوند نظر کن
گو این که پلیدی و خدا را نظری نیست
افسوس که دنباله خونریزی و کشتار
کشتار جدید است و قرار دگری نیست
تاریخ نشان داده که بعد از عمل شمر
مختار فرود آمد و او را خبری نیست
یک دختر با بالغ زندانی قصاب
جان داد از این کار بدنیا بتری نیست

مــردم بــه ســتوه آمده‌اند از عــمل تــو

گــویند کــه بگــذار بیــافتد شــجری نیــست

بــهرام نــه‌ای گــور فکــندن ز تــو بیجاست

گویند که گــور تــو بجز گــور خــری نیــست

در بــدو عــمل هــر کــه تــرا دیــد پســندید

امــروز طــرفدار تــو یک بــا نــظری نیــست

خواهم که ز بــام تــو گــریزم بــدو صــد بــال

افسوس که ما را دگر آن بــال و پــری نیــست

قصاب به پا خیز و ز خــون شــوی دو دستان

از تو بــه تــو عــرش خــدا را ضــرری نیــست

اعرابیان

بـدتر از اعـرابیان کس نیست انـدر ایـن جهان

بـی صفا و بـی وفـا و مـوذی و بـی خـاندان

نـام مـردم روی ایـن مـلت نـمی‌باید گـذاشت

چون همه خود خواه و بی رحم و به ظاهر خوش بیان

از هـمه مـظنون و بـیزارند در اصل ای عـزیز

جـز تکـبر نیست آنـانرا شـعاری در نهان

جـمله از فـرهنگ خـود بـالند و از اجـدادشان

لیک بـی فـرهنگ مـی‌باشند ایـن بـدطینتان

اطـلاعاتی نـدارنـد از ادیـبی، شـاعری

فـخر آنـان ایـنکه مـی‌خوانند شعر شاعران

از کـرم گـویند و از خـیریه و فـقر و یـتیم

لیک دیـناری نـمی‌بخشند بـر بـیچارگان

آخـر ای مـردم مگر مستید یـا خـواب گـران

مـردم دنـیا فـقیرند و نـدارنـد آشیان

پس کـجا انـصاف و عدل و مـردمی رفت از شما

پس کـجا شـد صحبت از مـردانگی‌ها در مـیان

آخـر ای مـردم بـپاخیزید دنـیا درهـم است

مـلک ایـران هـم بـزیر سُـم اسب بـی‌امان

شـاه رفت و مـملکت رفت و عبادت تـیره شد

مـذهب و مـلیت و ایمان کف اعـرابیان

خـاک بـر فـرق سرت ای بـی وطـن‌های دورو

دیـر شـد تـأخیر شـد بـرخیز ای نـامهربان

گر تو هـم مـی‌بالی از فـرهنگ و مـی‌داری سپاس

بگـذر از لاطـاعلات و قـدر کشور را بـدان

گفتگو

گفتم که پیش چشمت مهتاب سو ندارد
گفتا که رنگ مهتاب جادوی او نـدارد
گفتم ز بوی گیسوت مُشک و عبیر خیزد
گفتا که جعد گیسو بی یـار بـو نـدارد
گفتم که قد رعنات در باغ اخـتر مـن
گفتا کـه اخـتر بـاغ قـد نکـو نـدارد
گفتم کـه آه گـرمم انـدر گـلو نشسـته
گفتا که آه سـرد است راه گـلو نـدارد
گفتم که چشمه چشم گریان بحال زارم
گفتا ز اشک سوزان کس در سبو ندارد
گفتم بشوی دستت یکسر بحوض کوثر
گفتا که دست پاکم میل وضـو نـدارد
گفتم که روی ماهت زیباتر از گل عشق
گفتا سخن تمام است این گفتگو ندارد
گفتم که ناز دیده سختی مکن به خوبان
گفتا که این نصیحت با عشق خو ندارد
گـفتم کـه آرزویـم دیـدار تـو است
گفتا دلبر به رؤیت ما کس آرزو نـدارد
گفتم که قلب پاکت ترمیم عشق خواهد
گفتا که قلب پـاره جـای رفـو نـدارد
گفتم تو ناز من شـو ای نـازنین دلهـا
گفتا خموش یارب این‌های و هو ندارد

برف پیری

برف سپیدی ز تو ابر سیاه   ریخت بروی سر این بیگناه

زور و توان را بگرو خواستی   عشق جوانی ز سرم کاستی

ضعف و ندامت به روانم زدی   پیری و آتش تو بجانم زدی

قد بلندم چو کمان ساختی   روشنی دیده نهان ساختی

گوش دگر نشنود آواز دوست   دیده نبیند پر پرواز دوست

برف سپیدی به سرم کاشتی   پرچم پیری من افراشتی

لرزش دستان که شده بیشمار   تا نتواند بنوازد سه تار

غنچه هر باغ معطر شده   غنچه با غم همه پرپر شده

نغمه پیری به روانم دمید   عشق و جوانی همه از من رمید

عشق و جوانی همه شد غرق آب   خاطره‌ها رفت به عمق سراب

وای که دوران جوانی چه بود   آمدن و رفتن ما را چه سود

دریای بلا

محبوب دل من که در این باغ رها بـود
من عاشق او بـودم و او عـاشق مـا بـود
هــر گــردش انـدام وی از سینه بـبالا
چون زورق غلطیده بـدریای بـلا بـود
چشمان فسونگر همه در گـردش دیـدار
دیدار رخ دوست پر از صدق و صفا بود
آزار دل ما است همه چرخش گـیسوش
بیچاره دل من بکـجا رفت و کـجا بـود
اندیشه روزی که رسیده است وصـالش
در خاطر من بود و چه رؤیای بـجا بـود
خندید بدانگونه بـرویم کـه چـه گـویم
هر خنده او برسر مجنون چو شـفا بـود
در عـالم رویـا لب شـیرین تـو بـر لب
شهد و شکر و شربت و کپسول و دوا بود
انگار که پهلوی تو من خـفتم و دسـتت
در گردن من بود و سرانگشت طـلا بـود
در مجلس رندان سخن از عشق تو گویند
گویند که او بود که مهرش به خـدا بـود
بـرخـیز و بـیا خـانه مـا را تـو صـفا ده
آغــوش مــرا آرزوی روی شـما بـود

شمع

نشستم دوش با پروانه و مستانه در یکجا
سخن می‌رفت از آزادی جانانه در یکجا
تو با من دفتر عشق و صفا و ناز بنوشتی
کجا شد مهر و دلداری شدند افسانه در یکجا
رفیق و دوست بودی با من مظلوم در خلوت
زدی برهم بیک درهم خُم و میخانه در یکجا
پرستیدم ترا چون بت گرفتم ناز از چشمت
ندیدی عشق و بشکستی بت و بتخانه در یکجا
پر پروانه سوزاندی دل مستانه لرزاندی
به شمع انجمن برگو چه سوزی خانه در یکجا
مگر بلبل ز اشک شمع گیرد درس زاریها
وگرنه شمع وگل سوزند ای دیوانه در یکجا
چرا پروانه دور روی تو چرخید و بی جان شد
تو ای شمع ستمگر سوختی پروانه در یکجا
ترحم نیست در آتش برای یار و بیگانه
نکردی رحم یکدم بر من و بیگانه در یکجا
مرا می‌سوزد ای دانا ستم‌های پیاپی جان
شراب آتشین بگذار و آن پیمانه در یکجا
تو شمع محفلی ای دوست سوز خود مزن برما
که ما را نیست صبر و طاقت پروانه در یکجا

دوکودک

دوکـــــودک در اوان زنـــدگانی / به تسخیر دو تـن از عـقل فـانی

یکـــی نـامش پـدر مـملو از مـهر / یکی مـادر بـه ظـاهر یـار جـانی

جدا از هـم یکـی در خـانه خـود / دگـــر در خـــانه دیگــر نــهانی

پـدر بـیکار و فکـر مـهرورزی / بـه فـرزندان و دنـیا بـی‌گمانی

یکی در فکر مـال انـدوختن بـود / دگر بـی مـایه خـواهـد زنـدگانی

غـم آیـنده ایـن کـودکان را / نــه مـادر نـی پـدر بـینند آنـی

ز خودخواهی و نفرت درطـلاقند / کـه از هـم دور گـردند آنـچنانی

زن مـغرور و بـیمار از شکـایت / بـمردش داده زحـمت تـاتوانـی

ز دست ایـن زن بـیمار و مکـروه / پـدر را شکـوه در دل اربـدانـی

ندارند ایـن دو تـدبیر و ذکـاوت / که‌کودک تحفه از حق است دانی

خـدایـا کـودکان بـی گـنه را / تـو بـاید زیـر دسـتت پـرورانـی

دنیا

از لذت دنیای دون ما را فقط رنج و غمی است

از رنج و غم‌های فزون در منزل ما ماتمی است

شب‌ها بروز آمد که تا روشن کند بزم مرا

بزم من و نای نی‌ام هر لحظه در زیر و بمی است

گفتم مگر از رنج‌ها فارغ شود روزی دلم

این آرزوی خام هم در قلب پاکم همدمی است

از لرزش سیم سه تار آمد نوای ساز من

در ساز من شادی مجو شادی نمودار غمی است

بر کف گرفتم باده‌ای شاید که مخمورم کند

گفتند مردان جهان بر من که مستی عالمی است

از آسمان همچون ملک افتادم اندر دوزخی

این درد و اندوه و المکی در جهان درد کمی است

آخر من از منزلگه جمشید جم آواره‌ام

آواره در ملک عدو افتاده در جام جمی است

دیوانه بر خود نیستم درد مرا آسان مگیر

این درد غربت تا ابد درد شدید مبهمی است

دورم من از آن آشیان افتاده‌ام اندر قفس

این راه دور پر تعب راه پر از پیچ و خمی است

روزی قفس را بشکنم آزاد از محبس شوم

اما که می‌داند قفس دربش چه قفل محکمی است

مهمانی آقای نوروزی در کانادا

دیشب همه مهمان تو بودند و صفا بود

در منزل تو روزی ما بسکه غذا بود

مردان و زنانی که چه گویم همه خوش خلق

در بین همه خانم او عقده گشا بود

فرزند هنرمندش یا سام نریمان

فرزند دگر دختر باحسن و وفا بود

فرزند دگر آن پسر ناز شریفش

کز عمر وی امروز فقط چند صبا بود

آقای تدین که شریف است و نجیب است

در مجلس ما بود و بر او حسن روا بود

الهام در آنجا کمک خانم او بود

چشمان وی از هر هنری چهره نما بود

آن خانم باهوش وزین خانم سنگین

او همسر شاد و بری از چون و چرا بود

مهمان دگر تیزی هوشش هنری بود

با شوخی خود مجلس ما را چو شفا بود

از خانم نوروزی بسیار بگوییم

چون او همه ناز است و ندانم ز کجا بود

در مجلس دیشب همه ایرانی محبوب

هر خنده از آنان به مثل درد و دوا بود

نام دگران را که نفهمیدم و رفتم

چون وقت نبود و عمل بنده خطا بود

نوروزی محبوب موفق شوی ای دوست

در پشت تو دیدم که فقط دست خدا بود

۱۳۳

رباعیات

لبانت را من از اول چشیدم
که از هر شکر و شهدی ندیدم
لبانت مزه عشق و وفا داشت
به مقصود دل رسوا رسیدم

خوشا آنانکه با ما در صفایند
ز درد و رنج و غم دائم جدایند
خوشا آنانکه عشق و راستی را
طرفدارند و در آن پابجایند

دلم در جستجویت پرگرفته
کجا رفتی که دل آذرگرفته
سراغ از آشنایانت گرفتم
دو چشمم اشک را از سرگرفته

شب تاریک و ویران از گناهم
سبو بردوش و ایمان در تباهم
از این دالان سرد رنج و محنت
خداوندا تو می‌باشی پناهم

خداوندا مگر دردم ندیدی؟
همین رخساره زردم ندیدی؟
اگر دیدی چرا درمان نکردی؟
تو آه سینه سردم ندیدی؟

خبر دادند حیوان بی سبب مُرد
دلم افتاد و جانم در تعب مَرد
خدا را شکر اخباری دروغ است
که حیوان زنده و شیخ حلب مُرد

ترا در برگ گل ریزم عزیزم
به جوی زیر پل ریزم عزیزم
به بوسه پیکرت گیرم درآغوش
به پایت عقل کل ریزم عزیزم

سحرگاهان ترا با آب شویم
سر و روی ترا بی تاب شویم
نمی‌دانم چرا می‌گریی از غم
سرشکت را بزّرناب شویم

تو رفتی جای پایت پشت در ماند
همه نام و نشانت بی خبر ماند
کسی پیغامی از یارم نیاورد
تلاش دائم من بی اثر ماند

چرا گفتی که عشقم پای برجاست
بساط دوستی همواره برپاست
دل نامهربانت هیچ گه سوخت؟
که یارت یار و از سردی مبراست

برو ای یار یار دیگران باش
همیشه در کنار این و آن باش
که دنیا را دو روزی بس نپاید
برو یاد خطای مردمان باش

رباعیات

دلم در حسرت ایران کبابه
ولی آمال من نقش برآبه
چه کس آلونه‌ام راکرد ویران
گناه است این ندانم یا صوابه؟

بیا باهم رفیق راه گردیم
در این ره همره الله گردیم
بیا از اتحاد و شادی و مهر
سخن گوئیم و در افواه گردیم

دلی دارم که در پای تو گیره
سری دارم که در دستت اسیره
الهی آن سر و آن دل که دادم
بزیر دست و پای تو نمیره

بیا پهلوی یکدیگر بخوابیم
طناب مهر و عشرت را بتابیم
اگر با عشق یکدیگر نباشیم
خرابیم و خرابیم و خرابیم

تو مویت راکنار رویت آویز
بده دست من آن زلفان گل ریز
بیا تا من ببوسم چشم نازت
مکن از دیدن این یار پرهیز

با خون خود نوشیتم دنیا بقا ندارد
از قتل و عام ایران ظالم حیا ندارد؟

رباعیات

گل او بدست گرفتی چنان که گل رویی　　چو عطر گل همه خوشبویی و چه مطبوعی
هزار دلبر اگر بودمی ز حاصل عمر　　همه به یک سو و جانا تو هم بیک سویی

وه چه شیرینی و خوش خویی و زیبا دهنی　　وه چه محبوبی و محجوبی و زیبا بدنی
من همه عمر ندیدم چو تو محبوبی را　　واقعاً ای بت زیبا تو مُصّلای منی

مرا بگذار خویت آتشین است　　هزارت دوست بر من در کمین است
من از هر آشنایی دل بریدم　　بدان ای گل که هر یاری نه این است

دلم بردی زکف آخر تو دلدار　　دل خونین ما را خوش نگهدار
نه در آتش بسوزش نی بزن آب　　نه بیملرش نما اورا میازار

صدای قلب

من و تو و شاپرکا چقد باهم یـه رنگ بـودیم

چو برگ گل‌های انار چقد بـاهم قشـنگ بـودیم

ستاره که در می‌اومد تـو هم ز در می‌اومـدی

برای عشق و عاشقی هر دو تاگوش به زنگ بودیم

دستای تـو دست مـنو یـواشکی فشـار می‌داد

آتیش تو قلبم می‌پاشید دستت بوی بهار می‌داد

قلبم و صدا می‌کنی چرا (۲)   روحمو جدا می‌کنی چرا (۲)

عشـقم بـخدا حقیقیه (۲)   اینقده جفا می‌کنی چرا (۲)

شب‌ هاکه ما باهم بودیم چه رونق و صفائی داشت

لباتو تا می‌بوسیدم چـه عـالم و هـوائی داشت

هـمش دعا مـی‌نمودم خـدا تـورو نگـه داره

تا من بـپات بیفتم و بگم دلم خـدائی داشت

لبهای مـن لب تـو رو مـی‌بوسید وگناه نبود

عشق حقیقی مـن هـم دیگـه بـرات تباه نبود

قلبم و صدا می‌کنی چرا (۲)   روحمو جدا می‌کنی چرا (۲)

عشـقم بـخدا حقیقیه (۲)   اینقده جفا می‌کنی چرا (۲)

ویگن

بیا به همت مردانه ساغری بزنیم

بکوی دوست شتابیم تاپری بزنیم

به مرد جاز جهان رنگ ناز بربندیم

حضور او بـرویم و بر 'وسری بزنیم

بیا که در بر آن ناخدای موسیقی

صفا کنیم و به میخانه آذری بزنیم

بیاکه ساقی و ساغر به عیش بگذاریم

نـوای ساز به دامان دیگری بزنیم

به بزم او ز در آییم و کف زنیم همه

بـه مـوی نـقره او شـانه زری بزنیم

رواق ابروی آن پنجه‌های زیبا را

به یمن حرمت می‌حلقه بر دری بزنیم

شعف بـه سینه خونین رنجدیده زنیم

بـه تـار او تـو بیا باز گوهری بزنیم

صدای گرم تو چون آتش درون من است

بیا صدای تـرا بـر ستمگری بزنیم

خوی

در دام تو افتادم و خویم بتو خو کرد

بیچاره دلم را بکف سرد عدو کرد

این دل که هواخواه و هوادار ندارد

دانسته ندانسته هوای سر او کرد

گفتم که مگر درک کند قلب تو ما را

یا اینکه توانی دل صدپاره رفو کرد

بیهوده سخن‌های تو رنج دل ما شد

برعکس کلام تو شکستن به سبو کرد

آب رخ من ریخت به جوی هوس یار

دیگر نتوان آب که رفته است به جو کرد

هرگز نتوانم که وفای تو شناسم

ظلم و ستم و جور و جفا بود که او کرد

ایراد فراوان ز من و خوی من آورد

چون شانه شکایات بهر دانه مو کرد

من رفتم و دیگر نتوانم سخنی گفت

شایسته آن بود اگر بد بتو شو کرد

حاشا مکن ای دوست گناه شب یلدا

هرگز گنهی را نتوان زیر پتو کرد

۱۴۰

رندان

وقت آنست گـذر بـر ره جانانه کنم
سفری زود بـه سوی در میخانه کنم
عیب رندان نکنم غصه زاهد نخورم
با مناجات به عمق غم دل خانه کنم
سر بدامان من غمزده بگذار که من
همه شب تا به سحر موی ترا شانه کنم
ای که گفتی تو صفائی و وفائی و کرم
پس شکایت به که گویم بَر بیگانه کنم؟
من اگر از سرکوی تو و ساقی رفتم
پس چه تدبیر دگر با دل مستانه کنم؟
دگر از رندی و نامردی مردان جهان
شکوه تنها بـه لب ساقی و پیمانه کنم
دوست آن نیست دعای دل ما را داند
دوست دارم که دعا را سر صبحانه کنم
راه مـردان خـدا را بشناسم روزی
یا دعا را همه بـا سجه صد دانـه کنم
نشنیدیم ز دشمن سخنی اما دوست
آنچه او گفت همان با دل دیوانـه کنم
من اسیرِ دل و بیمار و صراحی بردست
کی توانم سخن از حکمت مردانـه کنم
من که از مهر و محبت همه را درس دهم
کی توانم که حدیث غم وافسانه کنم
قصه گلشن و گل عاشقی بلبل و شمع
همه را دانم و کار پَر پروانـه کنم

حیف

چشم بر عشق‌های شیرین بود
گله بر سالهای دیرین بود

چکنم عمر می‌گذشت و هنوز
دیده بر گلعذار رنگین بود

خاطرات گذشته گر گویم
همه بر پایه‌های آئین بود

حیف عهد شباب آمد و رفت
به شباب و کتاب نفرین بود

کار من بود کار سنگینی
که چو سنگ آسیای زیرین بود

علم من بود شهره آفاق
که بحکم صحیفه زرین بود

سالها درس علم می‌دادم
که به بیمار درد - تسکین بود

بامداوای خوب بیمارم
زندگانی همیشه تأمین بود

کار من از برای همکاران
درخور احترام و تحسین بود

مهر و ایثار و رحمت و انصاف
همه در کهکشان پروین بود

تا رسیدم به آرزوهایم
دیده از اشک وخون ببالین بود

گر سپاسی ز کار من می‌رفت
همه در اصل حکم آمین بود

حیف کز عمر ما نمانده بسی
عمر هم خاطرات غمگین بود

می‌رویم از جهان نمی‌دانیم
شکل گیسوی یار پرچین بود

باش با مهرو عشق هم آواز
چونکه رسم زمانه هم این بود

برای گلشنی

ای گلشنی گلشن باغ دل محبوب
وی مرد هنرمند سراپا همه مجذوب
نقاش و نویسنده و شاعر تولی ای دوست
در نزد تو من گردوغبار ستم و آشوب
مولود تو شایسته‌تر از گلشن رضوان
شایسته وبایسته زنی همچو طلا خوب
دیدار تو بر دیده این بنده شبی رفت
آنشب که فراموش نمی‌گردد محسوب
اخلاق تو و شیوه انسانی پاکت
مانند طلالی و حریر است چه مرغوب
بگذار بدانند رفیقان و عزیزان
کس را نبود ثروت عشقی همه مطلوب
عمر تو بیافزاید آن ایزد دانا
سالم تو بمانی به جهان سخت چنان چوب

پاسخ به شعر برای گلشنی

از: دکتر وندیداد (گلشنی) به دکتر کاظم فتحی

پرعلم و فنی، خوش سخنی، دکتر محبوب		در حدّ کمالی، تو پرآزرمی و محجوب
نقد سخنت بارور از طبع گهربار		بزم تو فراهم به می و مطرب و مکتوب
ای لعل تو جانبخش‌تر از عیسی مریم		ای چشم تو بیمارتر از لولی مشروب
فتحی تو حکیمی و ادیبی و دبیری		در جمع یک انسانِ پر از عادت مرغوب
در خار و گل دهر به یک چشم نظر کن		آسان شودت کار، تمیز بدی از خوب
من تایمز [1] نشین خفته به زیر پر دشمن		در شهر پراز نور نواداست [2] تراکوب [3]
گویم که بدانند همه اهل ادب باز		لحن سخنت هم چونظامی [4] است به محسوب
چون بار شب هجر گران است بخاطر		دوری ز تو ای مرحم پر معزل و معیوب
اینست امیدم که مرا یار بدانی		تندیس [5] اوت [6] یار سلامت به تو منسوب
در فقرم اگر، شاعر شوریده تو دانی		جد است مرا شیوه رفتار چو ایوب [7]
هرگاه به مقراض خرد شعر تو سنجم		از خویش بری گردم و در جنگ تو مغلوب
رفتند و رسیدند ز هر بحر به ساحل		امّا دژمی را نه ستردند به جاروب
چون چنگ خرد شد دلم اندر سر پیری		چون موج بدریای پر از فتنه و آشوب
تو بلبل بستانی و هم کاظم در فتح		من یار خموشم به هیاهوی تو مخدوب
من نوحه گر بی سرو سامانی خویشم		تو گوهر بی غش به نهانخانه زرکوب
ایکاش زمان بود و زمین بود و من و تو		در محمل زرین، و چه اندر قفس چوب
داریم اگر خط همه بر خال رخ دوست		آن دوست اهوراست طلب را همه مطلوب

۱- تایمز: رودخانه شهر لندن		۲- نوادا: یک ایالت خشک امریکا
۳- کوب: جایگاه، اشکوب و کوپه و کوب از یک ریشه اند		۴- نظامی: شاعر مشهور قرن هفتم
۵- تندیس: مجسمه تن		۶- اوت: فرشته تندرستی		۷- ایوب: یکی از پیامبران بنی اسرائیل

امید

شعله از شمع و شرر از آن نگار آموختم
گریهٔ اندر گلو را از هزار آموختم
گرچه گلدخت عزیزی از جوانی یاد کرد
زندگی را روز پیری از بهار آموختم
من به یاد آن جوانی و بهار خوش نسیم
شاعری را زیر گیسوی نگار آموختم
گرچه مجنون رفت و لیلا ماند و وامق هم نماند
مهر عذر را ز زلف بی قرار آموختم
بر جوانی غم مخور دوران پیری هم خوش است
این قرار بیقرار از کردگار آموختم
گفت صهباگر کسی در بند موج عشق شد
پایداری بایدش از عزم یار آموختم
وصل و هجران راه امیدند آن را کم نگیر
غصه و غم را رها کردم چه کار آموختم
غم مخور ای لعبت والای من ای نازنین
درس زیبایی گل از لاله زار آموختم
بال مرغ در قفس را نشکنید ای دوستان
این نصیحت را من از ترس فرار آموختم

مادر

بمرگ مادر اگر خون چکد ز چشم بجاست

که او نشانه‌ای از مهر و تحفه‌ای ز خداست

فسانه‌ای ز محبت فروغ عشق و صفا

وفای او همه مهر است و عشق او زیباست

محبتی که ز مادر رسد به فرزندان

طلوع حکمت پروردگار بی همتاست

بهشت زیر سر مادران و ما غافل

که این سخن سخن هر سخنور داناست

به کودکی که ترا او به سینه می‌ساید

نشان مهر و محبت از این عمل پیداست

ترا می‌آموزد خوابیدن و غذا خوردن

سخن سرائی و ره آزمودنش غوغاست

دریغ دست اجل رحم بر کسی ننمود

فنای نوع بشر آخر دوام و بقاست

براه حق شدی و در بهشت مسکونی

تو رفتی و همه ما را هزار شور و نواست

سروش غیب بگوشم رسید تا رفتی

نبود شک که همان گفته علی مولاست

تو روز و شب کمک بی بضاعتان بودی

نگاه کن که چه کردی ببین سخن اینجاست

۱۴۶

غـم یـتیم بـسفتی و دردمـندان را
که در کنار تـو گـفتند بستر و مـاواست
به سوگ مادر من هـر کـه اشک مـی‌ریزد
دعای روح عزیزش همیشه درد و دواست
زبـان مـن نـتوان درد داغ او را گـفت
که تربتش همه انوار حق از او بـرخـاست
تـرا نـبود هـراسی و مـرگ را دیـدی
ولی بذات خداونـد آن بـهشت تـراست
برو که دست اجل چـیند بـهترین گـل را
ز بـاغ گـلشن دنـیا، بـهشت را آراست
بدان که بلبل خوشخوان و حـافظ قـرآن
خموش گشت ولی خاطرات او بـرجـاست

پایان

چون دقایق ساعت عمر می‌رود ز برم
خاک برسرم چکنم عمر رفت از نظرم
دوره جوانی بود شور وشادمانی بود
دوره جوانی رفت نور رفت از بصرم
موی جعد مشگینم رنگ برف شد اکنون
قد راستم خم شد رنج و درد درکمرم
نور دیده پنهان شد گوش نشنود سخنی
دست و پای لرزان است داده قاصدم خبرم
قدرت و شبابم بود پرش عقابم بود
قدرت و توانم رفت تا شکست بال وپرم
آنچه اندر این دنیا جمع شد فنا گردد
مال و ثروت دنیا نقره و نگین و زرم
جمله دوستان غایب از عیادتم پنهان
از پسر چه امیدی من چه کرده با پدرم؟
دلبران و زیبایان رفته‌اند از بر من
عشق خوبرویانم می‌زند به جان شررم
کودکان و نوزادان همسری گرفته به بر
کودکان آنان نیز برده از سرم اثرم
کوته است عمر ما شمع و باد و پروانه
بنگر این مصیبت را زین فسانه دربدرم
آمدیم بی معنا می‌رویم بی ارزش
راه ما همه یکسان جمله در ره سفرند
روز و شب چه کوتاه است گردش کواکب بین
گردش سماوات است یا جنون زده بسرم
من فدای خوبانم عاشق سخندانم
وای بر کسی که زند سرزنش به چشم ترم

در پاسخ فروغ فرخزاد

تو که گفتی که عشق پابرجاست
یا که پایان عشق ناپیدا است
تو بپایان آن نیندیشی
که خود آن دوست داشتن زیبا است
چکنم گفته را پسندیدم
لیک اندر عمل سخن نه بجاست
هم به پایان آن می‌اندیشند
هم به ظاهر تظاهرات ریا است
باز کن دامنت ببین گل را
که فکندم بدامنت چپ و راست
باز کن قلب ساده را بنگر
که در آن سالها است شور و نواست
تو بیا دیدن من مسکین
که دل بینوای من تنها است
تو بگو دوست داشتن زیبا است
تو بیا جای عشق تو اینجاست
من بپایان عشق اندیشم
بنگر عشق در دلم پیدا است
تو اگر عشق من بسر داری
پس چرا دیدن منت به خطاست
آشکارا سخن بگو جانم
تو که دانی دلم ترا مأواست
رسم عاشق کشی نه شیوه تو است
راه جور و جفا نه شیوه ما است
عشق کاذب ره شیاطین است
سخن من به بارگاه خدا است

پیام‌گیر

تلفن پاسخ‌گیرنده چنین گفت ز عشق
کاش دالم، دل ما از تو بلرزد ای عشق
او غمین گشت و دل آزرده که پیغام کراست
آن دلی کز تو نلرزد بچه ارزد ای عشق
او بیک لحظه به تعبیر چنین پیغامی
سخت حیران شد و بگرفت به لب دندانی
که مگر لعبت دیگر شده خار ره من
یا که بگسسته‌ام از او ز دلم پیمانی
سخت آشفته که پیغام مگر بهر کسی است
یا چنین گفته مددکار چه فریاد رسی است
در تفکر که صدای من دل خسته پیر
شاید آوای دل و زخمه بانگ جرسی است
سالهائی است که اینگونه غمین می‌گویم
پاسخ هر که مرا خواست چنین می‌گویم
تو بیا رشته آن مهر و وفا محکم کن
که من این شعر نه اندر ره کین می‌گویم
باز هم درک چنین شعر چه مشکل افتاد
باز هم ناقه لیلی است که در گل افتاد
سر مجنون به تمنای وصالت پر زد
تو ندانی و غم بیهده در دل افتاد

بنشین بر سر دیوار و گل بستان بین
گل پرپر شده خشک سر ایوان بین
آن کبوتر که ز بام تو پریده است نگر
کاش دالم دل ما از تو بلرزد آن بین
عشق آن نیست که هر لحظه بیفتد برهی
یا که مشهور کند سلطنت پادشهی
عشق آن است که از صبح سپیده تا شام
رخ نماید همه و نور فشاند چو مهی
باز می‌گویم و می‌گویم و می‌گویم عشق
کاش دالم دل ما از تو بلرزد ای عشق
باز می‌نالم و می‌نالم و دالم گویم
آن دلی کز تو نلرزد بچه ارزد ای عشق

خدای عشق

کجا تو دیده کتابی که عشق در آن نیست
و یا دلی که از آتشعله فروزان نیست
خدای عشق خدای فلک خدای زمان
مگر نه اینکه خود عشق است چون نمایان نیست
رکوع و سجده و نام خدای بی معنی
ترا مدام گناه است و ذکر قرآن نیست
برو به مسجد و از منبر ریا بهراس
که امر حق همه عشق است و سجده ایمان نیست
کسی سجاده رنگین ز من نمی‌خواهد
دعای ما همه عشق است و سجده جز آن نیست
ریا ز کوچه ما رفت وبر نمی‌گردد
که عشق جای ریا راگرفت و پنهان نیست
بدان که عشق از اوّل شعار آدم بود
بدان که عشق در آخر پیام شیطان نیست
گدای عشق گدای محبت است ای دوست
سخاوتی که گدا کرد رسم شاهان نیست
ره هدایتِ مردان عشق می‌جویم
ره نجات همین است و شبهه در آن نیست
بگو به حامی آزادی بشر که ترا
صفا و مهر و محبت به عشق انسان نیست
مرا به عشق توباشد نیاز و می‌دانم
دل تو خانه عشق است و عشق ارزان نیست
دلم گرفته که از عشق می‌زنم سخنی
دلم فسرده که عشق تو رَسم نسوان نیست
کسی که عشق تو دارد دلش نژند مباد
خدای عشق تو عشق منی و آسان نیست

فرین بال

قربان تو و روی تـو و مـوی تـوگـردم
ایکاش پریشان شده در کوی تـوگـردم
مجنون صفت اندر طلبت جامه دریـده
درکوه و بیابان عـقب مـوی تـوگـردم
در بـاغ روم غـنچه لبـهات بـچینم
وزبوی رخت عطر لب و روی توگـردم
ایکاش کـه قـلب تـو و نـوع ضربانش
درگوش فرو می‌شد و من سوی توگردم
دستت بفشارم که تـو عشقی و عـزیزی
دستم بفشاری کـه ثـناگـوی تـوگـردم
آن لحظه که قلبم طپش عشق تو را کـرد
حیران طپش گشته و پـهلوی تـوگـردم
دیشب همه دنبال تـوبودم تـو نـبودی
رویا شده بودم که به سکـوی تـوگـردم
پـروانـه زیـبای فـرین بـال کـجائی
تا در قدمت افـتم و آهـوی تـوگـردم
ای دلبر پر مهر و محبت چـه شـودگـر
بـا اشک بـدریاچه جـادوی تـوگـردم
اشکم بزدائی و دلم خوش کنی از عشق
دیوانه شوم عاشق آن خوی تـوگـردم
از اخگـر چشمان تـوکـاتش بـدلم زد
پنهان شده در سایه گـیسوی تـوگـردم

شاعر

ای خدای شعر می‌دانی که شاعر نیستم
در صف این شاعران قوم ظاهر نیستم
من نه کاذب بوده نی برکذب دارم رغبتی
شاعران گویند من در کذب ماهر نیستم
نی ز کاهی کوه می‌سازم نه از ماهی نهنگ
در علف زاگل نکارم مرد ساحر نیستم
شاعران گویند جایم مسجد و محراب نیست
کعبه را نتوان رسیدن چون که شاکر نیستم
در ره مهر و وفا اندوختم اسرار جان
بر دروغ و جور و سختی هیچ قادر نیستم
چشم را بر محضر مهر و وفا روشن کنم من
چشم کس بیرون نیارم مثل نادر نیستم
راه می‌پیمایم اندر کوی عشق و لطف و پاکی
کوچه جور و جفا را بنده عابر نیستم
شعر را چون سعدی و حافظ نگویم لیک دانم
در چمن مرغ غزلخوانی چو شاطر نیستم
در دل میخانه رفته ساغر و معشوقه جویم
لیک عریانی نخواهم چونکه طاهر نیستم
شاعران برپا نموده مجلس عشق و صفائی
عاشقی را می‌پرستم لیک شاعر نیستم

دیدار

آمـدی در شـهر مـا امّـا روانت مـرده بـود
آنچه دیدم من نشانی سـرد از آن دیـده بـود
از دو چشمان تو نـور عشق دیگـر رفـتـه بـود
چهره ات زرد و غمین و سرد و دل افسرده بـود
سالها از جور هجر و آن جـدایـی‌های سـخت
بار اندوه و غمت هـموّاره بـرایـن گـرده بـود
قهرکردی از من و رفتی هـزاران سـال پـیش
قلب رنجور مـن از قـهر تـو خـود آزرده بـود
شاد و خندان زندگی می‌کردی و غافل کـه مـن
روزگـارم سخت و آمـالم بـهم بـفشرده بـود
آن نگـاه سـردبین مـا نگـاه عشـق بـود
لیک دانستی که دشمن بر غمت پی بـرده بـود
لذت دیـدار مـن دیگـر بـرایت پـوچ بـود
وحشت از فرزند و خواهر پیکرت را خورده بود
فرصت دیـدار دیگـر بـر مـن و تـو ره نـیافت
چـونکه یـاد آن صـفا را از دل تـو بـرده بـود

نازک اندام

دختری لاغر و نازک چـون نـی
پسران رقـص کـنان در پس وی
بـرق چشـمان هـمه آبـی نـافذ
رنگ لب هایش چنان آتش و می
راه مـی‌رفت چـنان کـبک دژی
بی محل بر همه چون سردی دی
شعر مـی‌خوانـد بـه آواز بـلند
عشوه‌ها تـا کـه کـند ره را طـی
کس ندانست که او اهل کجاست
اهـل شـیراز ویـا شـهرک ری
دخـــتری بـود ز رضـوان خـدا
نسبش مـطمئن از کـاوس و کـی
دخـــترک عـاشق ایـران عـزیز
که از ایران بودش هر رگ و پی

صدام حسین

بی پرده بگویم بتو ای رهزن شیاد
بی شبهه بگویم بتو ای قاتل و جلاد
کشتار هزاران زن و مردان همه مظلوم
کی مرهم جان تو شود ناکس صیاد
کشتی تو هزاران نفر از مادر و فرزند
دادی تو چرا جان و تنش را همه برباد؟
او کشته شد اندر ره اغفال تو بی دین
کی می‌رود از مغز من و او ستم از یاد
در مدرسه علم و هنر رفتی و کشتی
بااینهمه شیادی و بی رحمی و بیداد
بستی تو چرا دانه و آب زن و کودک
از دست گناه تو به عرش است چه فریاد
آن حزب کذائی که ترا درس جفا داد
پیغام وفا و سخن حق نفرستاد
این رای غلط را ز که آموختی ای مرد
کس نیست که برای تو دیگر نزند داد
تدریس بشرگول زدن جمله خطا بود
بازار صفا را نسپارید به شیّاد
هرگز نشنیدی تو که گفته‌اند بزرگان
با خلق خدا هر که درافتاد ورافتاد

شکارچی

پـرنده بـال درآورد و زود پـرّان شـد
به آسمان شده بر اوج عرش حـیران شـد
فـراز دشت و بـیابان وکـوهساران بـود
بـرای یـافتن دانـه در بـیابان شـد
در آرزوی طـعام لذیـذ و بـی همتا
بکـوه و دره بـرای غـذا پـریشان شـد
دو تکـه ابـر سیاه و سـفید مـی‌بارید
تـمام بـال ظـریفش بـزیر بـاران شـد
شکـارچـی عـقب طـعمه لذیـذی بـود
پرنده دید ولی غافل از تـن و جـان شـد
همینکه بسته دهان را به خنده‌ای بگشود
بـدست حـربه صـیاد تـیرباران شـد
پرنده خون زگلویش چکید و خورد زمین
شکـارچـی بـه کـنار جسـد نـمایان شـد
کلید گنج سـعادت درون خـاموشی است
سخن به سینه بـباید هـمیشه پـنهان شـد
چرا که مرغک بـیچاره خـنده را سـر داد
چراکـه طـعمه صیاد و مکـر انسـان شـد
مگو که کشور ما رفت و ملک ویرانـه است
مگو که پای تـو در مـنجلاب تـهران شـد
چرا که ذلت و درد و مرض در ایـن ادوار
همیشه قسمت مـردان مـلک ایـران شـد
بدان که فـرصت اخـلال و عـزل آزادی
هـمه بـدست امیران و زورمـندان شـد
هـمان پـرنده مـعصوم در شـروع شـباب
خـوراک ویـژه خـوشمزه وزیـران شـد
مکن تو شکوه دگر با عـدوی خـود کـاظم
که تا نگفته سخن، بـرخـلاف ایـمان شـد

آریانور

دختر من آریانور، آریانوره
وای چقدر قشنگ و نازه - مثل حوره - مثل حوره
من دوستش دارم بجون
از زمین تا آسمون
خوشگل و خیلی صبوره، صورتش مثل بلوره. کارش جوره، کارش جوره
آریانوره آریانوره
رقص او چه دلنوازه - نمکه همش سروره
ساقیا بیا بنوشیم
در سلامتیش بکوشیم
دامنش ساتن و توره... صورتش مثل بلوره، کارش جوره کارش جوره
بیا که آن لب لعلش مرا عزیز آید
سخن از آن لب شیرین او تمیز آید
دختر من آریانوره، آریانوره
وای چقدر قشنگ و نازه، مثل حوره، مثل حوره
وای چقدر قشنگ و نازه، مثل حوره، مثل حوره

نبودن

دیشب به خطا یاد تو بودم که نبودم
یا گوش بفریاد تو بودم که نبودم
در وقت سحر فکر تو کردم که نکردم
یاد غم و بیداد تو بودم که نبودم
شیرین منی گفتم و در کوه دویدم
در کوه چو فرهاد تو بودم که نبودم
دیدم که دو چشمان تو چشمان پری بود
یا بلکه پریزاد تو بودم که نبودم
گفتم که عروس من و دلدار منی تو
امید که داماد تو بودم که نبودم
دیدم که بیک ضربه مضراب چه کردی
یا گریه و فریاد تو بودم که نبودم
خندیدی و رفتی ز برم چهره گشاده
ایکاش که دلشاد تو بودم که نبودم
چون سرو سهی قامت والات بنازم
در باغ گل ناز تو بودم که نبودم
داد از دل بیچاره کشیدم نکشیدم
من در پی امداد تو بودم که نبودم

برای اربابی

صدای گرم تو اربابی کلام اندیش
دل ظریف مرا کرده ریش بیش از پیش
تلاوتی که ز مضراب ناز می‌آید
چه می‌کند به طریقت چه می‌کند با کیش
برو که مرد هنرمند وبا صفا هستی
امیر هم ز تو آموخت پرده درویش
نوای خانم خوش خنده وگرامی تو
چه می‌زند بدل ریش ریش یاران نیش
تو می‌نوازی و می‌خوانی هر دم از عشاق
چه در خفا و چه ظاهر چه باوفا چه پریش
ز نی نواختنت راز اندرون پیداست
که نی نوازی و از دل زدوده‌ای کم و بیش
محبت تو فراوان‌تر از محبت یار
تو مرد بنده نوازی بدشمنان یا خویش
بدوستان کمک و مهربانی آوردی
بدان که گرگ نه‌ای با مروتی چون میش
صبا چو میزد و می‌گفت لحظه‌ای که سرود
بدل نشیند اگر از دل آید آن تشویش
«بجد و جهد چو کاری نمی‌رود از پیش
به کردگار رها کرده‌ای مصالح خویش»

آتش سوزی

تنها زنی به بستر و خواب گران شده
آنجا بخواب رفته و ناز نهان شده
درخواب ناز آنهمه رویا بسوی او
در رختخواب گرم امیدش گران شده
او بی خبرکه آتش برقی بزیر تخت
او بی‌خبرکه شعله به بستر عیان شده
بستر بسوخت پرده و فرش و چراغ هم
کاشانه‌اش چو شعله آتش فشان شده
تا دید آن حریق و همان اخگر شگرفت
از بسترش جدا وبه ایوان روان شده
همسایگان ز شعله آتش خبر شدند
آتش نشانی آمده روحش خزان شده
آن خانه سوخت هستی و ثروت بباد رفت
اشکش ز دیده ریخت به صورت روان شده
آتش زدهر بود و مکان راخرابه کرد
بیچاره لخت و عور به سر آسمان شده
او سالها بسوی خدا دست عفو داشت
آیا خدا زکرده او در فغان شده؟
یا اینکه بعد این همه رنج و عذاب و درد
مادر بخاک رفت و خدا در جنان شده؟
گفتم اگر دعا به خدا می‌کنی چه عیب
دست خدا بزیر تن توامان شده

مـن در تـعجبم کـه خـداونـد مـهرکیش
بـا مـادرم چـه کـرد کـه او نـاتوان شـده
آیـا خـدا زکـرده پشـیمان نـمی‌شود؟
آیـا خـدا بـه بـنده مـومن زیـان شـده؟
او رفت و سوخت خرقه و شال و عبای خویش
ما را نگر که غافل از این جسم و جـان شـده
دانم خدا محبت و مـهرش بسـوی مـا است
مـا غـافل از مـجبت او بـی‌گمان شـده
مـادر بـروکـه خـاطره ات گـم نـمی‌شود
مـادر مـحبت تـو بـه مـا بیکران شـده

ای کاش

ای کــاش درِ مــعابر ظــلم　　　از روز نــخست بسته مـی‌شد
آن کشور و مـرشد و شیوخش　　　بال و پـرشان شکسـته مـی‌شد
آوای کــریه آن مــوذن　　　از خواندن نوحه خسته می‌شد
زن بـا زر و زیـور و بکـارت　　　از دام شـیوخ رسته مـی‌شد
آنگــه بــدل خـبیث ظـالم　　　رحم و شـفقت نشسته مـی‌شد
در مــرکز کـبریای عــالم　　　درد و غم و غصه جسته مـی‌شد
از دست سـتمگر ستم کـیش　　　شمشیر غـضب گسـته مـی‌شد
پروانـه کـنار شـمع جـان داد　　　ای کاش چو شمع رسته می‌شد

نـور و شـفق خـدای عـالم
بر روی زمین خـجسته مـی‌شد

خسته از راه

خسته از راهم خسته از سفر　　خسته از خویشم خسته از حذر
راه دور و دراز مرزها همه گم　　راه عشق ورزیدن راه راز پر ز خطر
گاه در زمین و زمان گاه در هوا پران　　گاه پشت ابر سیاه بی سبب بزیر و زبر
گه نظاره بر دریا گه نظر به کوه وکمر　　ماه و اختران را من برده‌ام به زیر نظر
صحت و سلامت رفت تا کنم تحمل درد　　زور و استقامت کو تا زنم به غصه شرر
پرنیان خاموشم برده از سرم هوشم　　رنج‌ها درآغوشم رفته آن توان زکمر
باده را چرا نوشم گفته‌ای زیان دارد　　مُهر را نبوسیدم چون به سجده داده ثمر
زاهدان چوکاره شدند مفسدان شماره شدند　　زاهد سخن پرورکی بدل رسانده اثر
من مسافر راهم بی پناه و پرآهم　　آمدم به ایرانم تا کنم نظاره به بر
تا ببینم آن یارم مطمئن به اسرارم　　یار پاک و آزاده مثمر ثمر به بشر
کشورم بهم پاشید اشک و خون و ناله رسید　　پس کجا بیایم من کاوه‌های آهنگر

به امید دیدار

مادر من بامید دیدار   لحظه‌ها روزها می‌شمردم
بهر دیدار آن مادر خوب   مژه در دیده‌ام می‌فشردم
می‌شنیدم صدایت همیشه   از ره دور درمان دل بود
آنچه می‌گفتی و می‌شنیدم   جمله اسرار این آب و گل بود
در سحرگاه بیدار و آگاه   با نمازت چه با حق توگفتی
روز و شب در دعا با خدایت   دُر و گوهر چو الماس سفتی
عشق کاشانه ات برملا بود   لیک آتش ببامت درافتاد
سوخت آن خانه و آرزوها   غصه و غم بجانت شرر زاد
می‌شنیدم که هر دم ترا بود   آرزوی همان کلبه خویش
کلبه خاموش و تاریک و پرغم   باز قلبت پریش و دلت ریش
ای بسا نیمه شب‌ها تو بیدار   خواندی از بهر من شعر و لالا
خواب رفتم ندیدم دگر بار   آن قد و قامت و چشم زیبا
در پس پرده خواب رفتی   اشک ما را ندیدی تو مادر
آن همه عشق و شور و صفا را   با خودت بردی وکی شنیدی تو مادر
مادر من در این شهر گمنام   گل فراوان ولی خار راهند
در دل شهر افسوس مردم   مادر من همه بی‌گناهند
مادر من چه دیدم خدایا   سایه مرگ را برسر تو
دست پروردگار توانا   زیر آن بستر و پیکر تو
ای فرشته کجایی کجایی   خفته‌ای در بهشت الهی
رفته‌ای نزد پروردگارت   نقش افسوس هستی و آهی
● «دیدی آن آرزوهای بسیار   جامه نیستی بسرگرفتند»
خنده‌ها همچو مرغ سبکبال
راه دنیای دیگر گرفتند

● این بیت از استاد دکتر صناعی است.

شبگرد

شبگرد بی‌پناهم و بـه بـلای تـو مـبتلا

مسـرور آرزو بــه وصـال تـو سالها

دردم هزار و فرصت گفتن فقط یکی است

بـریک هـزار درد وبـلا مـبتلا چرا

شبگرد مـبتلا چـه کند راه راست کو

با خویش در ستیزم و ز عدو صد هـزارها

بـراو کـه بست درسرِ راهـم هزار سَد

پـیـغام عشـق دادم و گـفتم بـیابیا

دیشب کـنار ساقی و میخانه بـود دل

پـیر طـریقتم چکـنم بسته راه هـا

آگـه نشد دلم کـه گـل بـاغ را کـه بُرد

آنکس کـه داد بر لب هر غـنچه بـوسه هـا

ساقی شراب لعـل بـه پیمانه‌ام بـریخت

پـیمانه نـیست لایـق لعل شراب هـا

با هر که راست گـفتم و رازش نکرد فـاش

با مـن عدو شـد و بگـزیدم چـو اژدها

یـا رب ضـعف مـردم بـی اعـتقاد را

مگـذار تـا بـه دست بگـیرند دارها

هـرگز نـبود مـهر و مـحبت ز آشـنا

آری کـه دوست بـهتر از او بـود بـارها

از آن سـبکسران حسـود دورنگ دهر

بـیزارم آنـچنان کـه گـل از دست خـارها

آهـم چـو آتشی بـدل برف و بـادها

تـبدیل مـی‌کند بـه زمستان بهارها

لوس آنجلس ۵۵/۷/۱

۱۶۷

هیچ

من هیچم و تو هیچ و همه هیچ و جنان هیچ

ذات احـدی بـوده و بنیاد جـهان هیچ

من هیچ تر از هیچم و در پیچ و خـم دهر

از هیچ چه می‌خواهی جز درد نهان هیچ

اسکندر مـقدونی مـی‌گفت بزرگ است

مـن هیچم و از او بـترم تـاج کیان هیچ

تـا بـوده صفائی و وفـائی همه دانند

عاشق صفتان هیچ پسندند بـجان هیچ

ما هیچ شویم آخر و در اصل چـه بـودیم

وز هـیچ چه بـودیم بـدریای نـهان هیچ

هیچت سر سودای کمک بـر دگـران بـود

بیش از خبر هیچ شـدن از تـو نشان هیچ

بنگر که چه بودیم و چه گفتیم و چه کـردیم

در وادی دنیا گـل زردیـم و خـزان هیچ

گفتند سخن‌ها کـه نـه در شأن بشـر بـود

نی در خور دین بود و نه در اصل گمان هیچ

بیدار شـو ای غـوطه ور انـدر دل هـستی

بنگر که خـداونـد تـرا داد تـوان هیچ

از قلب خرابم تو چه پرسی تـو چـه دانی

بیچاره چو مرغی به قفس گشته نـهان هیچ

آلانـه مـن قـصد دیار دگـری داشت

آنجا همه هیچ اند چو گـردیده روان هیچ

آزادی مـا دست خداونـد جهان است

باید که بـا و گـفت چرا گشته زمان هیچ

۱٦۸

Ganjineh-e-Ramin

Book of Poetry

Copyright © 2005

By
Kazem Fathie. M.D., Ph.D.
F.A.C.S., F.I.C.S.

United States Library of Congress
Copyright Number ISBN

0-9627148-3-x

Table of Contents

Introduction

In 1979, with the fires of revolution burning in Iran, millions of lives changed forever. For those who had left Iran in prior years in pursuit of education or professional training, the dramatic events of that time accentuated a longing for the land of their youth. For many, return was impossible or impractical. For others, returning home meant facing a sea change in the culture they had once known.

The awareness of another's suffering can serve as a haunting muse. The experience of imposed exile can bring about feelings of alienation and cause the poet to search for roots once thought safely guarded in an enduring homeland. Political events often form the background upon which the play of life unfolds - a play all too real in its human manifestations. Never in their recent history have the Iranian people lived lives free of strife, pain and the fear of oppression. The wounds of the last century's events resonate in the poems here as a testament to the inhumanity of regimes come and gone.

The individual witness is not lost in the storm of human events, howsoever deeply he or she may be implicated in the feelings of others. Upon reflection, the poet looks inward as well and surveys his life in the context of events both worldly and personal. Here, too, we see in this collection the nostalgia for lost youth, an enduring sense of oneness with nature and, in that vein, a tolerance for and acceptance of life's constantly shifting face. What lies at the heart of these

personal musings is a deep and abiding sense of perspective from a writer who has lived life vividly and not averted his eyes to its realities.

Translating literary works from one language to another is both complex and, in some regards, impossible. In no way can cadence, rhythm and meaning be seamlessly duplicated. The aim here was to convey the essence and spirit of the work and provide the English reader a reading experience in whole, rather than a literal transcription replete with footnotes and qualifications. The reader, we hope, will understand the writer's intentions and engage the writer's thoughts in a manner that kindles a dialogue between minds working in different languages. For whenever one mind reaches out and touches another across barriers of time, space or language those barriers are further weakened and the web of life is made stronger.

Ramin A. Fathie

About the Author

In Kazem Fathie lives a man who fully justifies the ethereal term "renaissance man." He is comfortable in both the houses of his brain, able to take the thread of reality and weave it into a textile of great beauty and veracity.

Born in 1929 in Tehran, Iran, Dr. Fathie was drawn instinctively to poetry during his early youth, though as yet only vaguely aware of the rich legacy of Persian verse. By the time he entered medical school, he had amassed a large body of work, and could often be heard reciting his poetry over Tehran radio.

Dr. Fathie graduated from Tehran University School of Medicine in 1955 with highest academic honors. The following year, he moved to the United States to continue his studies, training for residency at the Mt. Sinai and Deaconess Hospitals in Chicago. He received his degree in general surgery from the Grace Harper Hospital in Detroit and continued his studies in Neurosurgery at the Medical College of Virginia and Emory University in Atlanta. He married Birgitta Holmstrand in 1958 and shortly thereafter spent a year in her native Sweden at the Sahlgrenska Institute on a neurosurgical fellowship. His medical research and publications are numerous, including articles for the prestigious <u>Journal of Neurosurgery</u> and posts as Editor in Chief of <u>The Journal of Neurological and Orthopaedic Medicine and Surgery</u> and <u>The International Surgery Journal.</u> His research led to the invention of

the Cranio-Plasty Plate as well as the Carotid Artery Shunt/Bypass. His double blind studies on the muscle relaxant Skelaxcin enhanced its efficacy in the treatment of musculoskeletal disorders. Research studies on medical syndromes published in the medical literature, include: "Large Aneurysm of Internal Carotid Artery Simulating an Eosinophilic Adenoma", 1965; "Hemangiopericytoma of the Thoracic Spine", 1970; "Osteogenic Sarcoma of the Neck (Atlas)" 1971; Primary Cerebral Lymphoma in Two Consortial Parters Afflicted with AIDS", 1987.

More recently, Dr. Fathie served as President of the International College of Surgeon, US Division and held the post of Chairman of the American Academy of Neurological and Orthopaedic Surgeons.

Despite maintaining a demanding medical practice for 46 years, friends of Dr. Fathie recall that he could often be observed in a quiet corner of the house, hospital or office writing intently on the nearest piece of blank paper, his mind enveloped for the moment by the call of an inner voice, his muse. His literary publications include The Key to the Book of Nezami, Desire-Book of Poetry, Payam-e-Arman, and a 7 volume Encyclopedia of Persian Poets.

In a world of increasing specialization, Dr. Fathie maintains the delicate balance required of the multifaceted individual. He tends his many passions with dedication and ingenuity. As this, his third book of poetry goes to press, he continues to write poetry and tend to his four grandchildren.

Ramin Fathie & Julia Nunn

Acknowledgements

The author would like to thank Mrs. Nazli Zahedi for her gracious assistance in the transcription of the Persian text. For English translation and adaptation, he gratefully acknowledges the assistance of his son, Ramin, to whom the book is dedicated. He would also like to thank his wife, Birgitta, for being an inspiring presence in his life and for supporting his many varied pursuits throughout their 47 years together.

About the Author . . .

Prof. Kazem Fathie, M.D., F.A.C.S., F.I.C.S., F.A.A.N.O.S., Ph.D.

Professor Kazem Fathie, M.D., F.A.C.S., F.I.C.S., F.A.A.N.O.S., Ph.D. resides in Las Vegas, Nevada. His educational history covers decades and literally spans the globe. He is certainly a man with many proverbial hats. Dr. Fathie provides his expertise on a variety of subjects every day. He has several board certifications including legal analysis and forensic medicine. In addition to being one of the worlds most philanthropic humanists, he effectively practices his many areas of expertise on a daily basis.

The intense feelings Dr. Fathie has about the acts of various societies can be visualized in his poetic writings. The volumes of poetry written and published by Kazem Fathie tell his exhaustive background better than any biography can hope to.

Professor Fathie brings a plethora of experience to the many medical and non-medical societies he is currently an active part of. Dr. Fathie was inducted as President of the International College of Surgeons – United States Section (ICS-US) for a one-year term commencing January 1, 2001. "Dr. Fathie has been a member of the ICS-US since 1987 and has worked diligently for the (ICS-US) organization. He is very deserving of this position and will provide a valuable perspective in these trying times for surgeons," said John C. Scott, M.D., past ICS-US president.

In addition to the ICS-US presidency, he is an active member of the American College of Surgeons, Rotary International, and a Scottish Rite Member of the Zelzah Shriners – the list goes on and on.

Professor Fathie currently serves as Chairman of the Board of The American Academy of Neurological and Orthopaedic Surgeons. He is an active board member of both the International Paget's Foundation and the Diabetic Society and is a past President of the Clark County Medical Society. He was director of the Medical Unit of the Zelzah Shrine for twelve years.

Of his many contributions to the medical community, the most notable include research for the medication that would later be known as Skelaxin. His inventions of the Fathie Shunt and Cranio-Plasty Plate have helped to save countless human lives.

In addition to his continuing drive to promote humanitarian efforts, Dr. Fathie constantly puts his experience and thoughts in writing. You can find his articles published in literally hundreds of medical journals. He is currently the staff medical writer for three local news publications. Dr. Fathie is an editor of three medical journals and his own television show out of Los Angeles, California. The name, Prof. Kazem Fathie, can be found in the staff box as Editor In Chief of a multitude of medical journals, in addition to the book you are reading now.

Dr. Fathie is a strong fighter for humanitarian efforts and continues to dedicate his life to this belief in many ways. A prime example is the way Dr. Fathie provides healthcare to the less fortunate. He has been the winner of the Humanitarian Award of Rotary International 40 times. Additionally, Dr. Fathie was the recipient of the "Physician of the Year Award" in 1994 for community service in Clark County, Nevada, and the 1995 "Distinguished Physician of the Year" awarded by the Nevada State Medical Association. Most recently, he has been named "Distinguished Man of the Year", in Southern Nevada.

Professor Fathie has won the International Literary Poets Society – Poet of the Year award, Lifetime Achievement Awards, Doctor of the Year Golden Gloves (twice), Physician of the Year and Outstanding American Hero Award.

Through it all, and with the love and support of his wife, Dr. Fathie has been blessed with three loving children. In summary, Dr. Fathie has spent his life making the world a better, safer, and healthier place for all mankind. Even at the present time, Dr. Fathie spends each and every day in pursuit of his missions.

Sara Kirchner, Executive Secretary, N.N.I.
A.A.N.O.S.

The Cage

Without reason, I built a nest where the night breeze blows
Yet raindrops of midnight tears left it shredded and tattered
And my foes rejoiced at the sight of my homelessness

My shattered home in tow, I sought the city that had gone astray
And bestowed my ruins on a gathering
That hailed from the lands of Arabia

In truth, my woe kindled the fire
That scorched my pillared home
as pearls fell askance my cheeks
their callous mirth filled the air

Shadow of moonlight, dark contour of home
that once soared to celestial lofts...

Cast out of this dwelling by pretenders to holiness
we who called the land home – arrayed now alone
victims of theft our lasting heritage

From this day forward, we dwell not atop the midnight breeze
Too wary of false leaders who conspire against us
Homeless we remain...Walking in small and measured steps

The Way of My Heart

You and I - tint and hue of butterflies
like petals of the pomegranate - vivid, magnificent
At the dawn of starlight you crossed my threshold
A chime signaled the end of my longing
your hand on mine - heart's inferno ablaze
the warm aroma of spring's awakening

You call out to my heart, why?
You stir my soul, Why?
My love is steadfast – this I avow
Why, then, do you injure me?

The night of our embrace a gentle reminiscence
Our lips entwined could transform the world
I prayed that God would shelter you
I wished to whisper...
You are my God!
my lips on yours felt neither sinful nor vain

Why make pleas of my heart?
Why wrench my soul from me...why?
my love, in earnest, I swear, is constant
Why do you pierce my heart...why?

2

The Scheme

If you pray to God without divine intention
God views your prayer with contempt
You may bend and you may kneel, dear friend
but should your heart be corrupt
what can you expect of your entreaties?

Neither galaxy, sky nor world was created in vain
heaven and earth were not formed in deceit
God comprehends the mind of the individual and can discern true faith
He can expose their vanity for all eyes to judge
do not pretend to believe that God is ignorant of your deeds
His wisdom is infinite, His insight eternal

you have heard that God is kind and compassionate
that He will aid your cause
you have heard that God is all merciful
whether this is true, I truly wonder...

certainly not for the one who falls prey to corruption
God may give him free rein in this realm
but not in the world to come

3

The Scheme...

Why do you scheme against God and utter his name in vain?
Remove your attire and thrust aside the robes on your shoulders
They are ill-fitting garments and pretentious symbols
If I choose not an attire of such type, can you imagine why?
My God is Verity
My Verity is God

The Homecoming

We returned to our homeland and found it in ruins
In every corner lay a snare or mirage
a downpour of tears obscured the destruction from my eyes

Swirling debris profuse with filth - the air densely imperceptible
Mere breathing was an act of shame, a burning impossible to bear

I implored God – "This was my home long ago!
Alighting the rosebuds, a butterfly was I!"

"My dear one, I do not understand the treatment of your country -
I know not why the holy ones would usher forth its ruin."

"What" I asked "can be done for my home, now?
I beg you - heal this patient or I fear she will die forever!
Don't let it be so! I implore You, God!
I beg you in tears!"

Freedom

Oh God, to which country did you bestow freedom?
You gave the mountains and valleys their proper adornments
the forest its mysterious allure, the flower its fleeting charm
to these You gave life affirming love and freedom

You placed azure sky over every nation's roof
To the oceans you gave waves and currents
That the seasons might change
You gave the shores their tolerance for ceaseless tides
and windborne gulls to serenade them
and in the mountain You placed a granite heart of abiding strength

Yet when I witness the freedom of these earthly landscapes
I dare not speak of the freedom of nations!
For freedom in forms diverse has brought trials and suffering
Though hailed as a panacea for all the ills of nations

Still - who can affirm that it holds our answer for the future?
Who claims that freedom is inherent in religion?
Oh God, Your own hand gave us this clique of men -
Did You shower them in gold or silver?
Is this now freedom – or imprisonment itself?"
If so, why are men and women laid waste in the name of freedom?

6

The Burnt Tree

Thunder and lightening rolled past and onward
Yet the body of the cedar still burned
leaves and bark
a cavern of charcoal and ash
witness to time's passage

within –
a seedling takes root
- another life emerges...
soaring high to behold it's birthplace!
another of all things that come and go
in eternity, in splendor

unaware of their own coming and going
Do they not see God as this very eternity?

Hold fast in the arms of my God, friend
He alone decides
when the tree burns, when the tree grows

The Slingshot

A small tender hand
The line drawn taut
A carefully set stone...released
Finds its mark
An instant of pain - carmine soaked wing

Fly it cannot
tumbling downward
passing branch and limb
its body cooling to the earth

The hunter's delight in his kill
turns to despair as he lifts his prey from the ground
a life lost, for purpose and yield unknown
a boy with a weapon – a moral void

Where is compassion - where are the merciful?
Where do the pillars of the nation hide?
Witnesses to prison's toll
Witnesses to the senseless hunt
The wise cannot but wonder
At the jailing of innocents
By the likes of a boy hunter

Starvation

Wandering beneath a shroud of illness and want
Neither shirts on their bodies, nor shoes on their feet
Their heads unadorned, unprotected, sun scorned

Hunger is their companion
not a simple piece of bread
for these children of Africa
medicine is a distant dream

they hunger, they thirst, they tremble for life

We heard in the desert, the thunder of their cries
children awash in grim dust and mud, pulling at grass
a bitter taste of life
too weak to raise a finger
their eyes losing light

the God of the world sees the innocent and desperate...
Did not God bestow upon them this suffering?

Injustice confounds me – a world of disparity!
Of some having much
But more having nothing

9

Starvation....

You who are healers, open your hands!
Lend nurture and aid to shatter this cycle
Bear witness to their cries -
Lift their burden – Save their lives!

The Fallen Tree

Longing...the mighty fallen tree
artifact on a granite mountain path
shorn of bark, leaves or branches
no soft aural cast
no aroma of present life
leeched of spring's verdant green
or fall's infinite array of splendor

Leaven from the woes of this world
No gardener can give him water
no gatherings take comfort in his shade
neither nightingale nor canary serenade from his branches
nor flit purposefully from branch to branch

From rains within his heart swell the secret of ages
through winter gales and summer drought
his body has endured
still, the grand old fallen giant complains not
amidst a swirling deluge - pushing him onward
this elder of the woods cannot shed his troubles
youth has passed and with it dreams of might and vigor
from the aches of aging there was no rest
away, away and fading...

11

The Fallen Tree...

A Form at rest on the forest floor
lingering on life for the memory of youth
drunk in the memories of his youth
in revelry for the memories of his youth

12

The Moment

Treasure each moment - for the world is but a moment
The moment, the reason - to give
a reminder to friends that they might love life
Tarry not in sadness for the world is confused
place delicate hands across shimmering hair - enjoy life!
As the curl of the black mane reveals its highs and its lows
so kiss the eyes and drink in the tears
for they are clear and pure and born of the sky
How can you see the world yet know not the value of the moment
In the grief of this world, all cry and all wail
And many of these moments do pass -
And you - you allow it! You endure it!
I too have let such moments pass and see now my foolishness -
Try, then, to love – indeed, worship love itself!
For God created love and it is from the accumulation of her true
moments
Each sliver embraced by those who accept her bright splendor
That success in the world is achieved

Safe in Flight

Atop an unfinished skyscraper
a lone bird keeps patient vigil
the proprietor noted that at least several months would pass
before the hatchlings arrived
he felt very honored that the birds chose his building
yet he was anxious that their presence should stop the important
construction at hand
when the city councils and the mayor heard of this strange tale
they issued an edict preventing further construction until the eggs
were hatched
and the birds had gone their merry way
I was overjoyed to hear this news –
that animals
Enjoyed such respect from the community
But despite my happiness, I could not ignore the cries of my
brethren in jail
Whose wings had been snapped and bodies set ablaze
For those leaders the value of the birds was held in high esteem
While the value of my brethren was ignored
Time is truly lost while humanity appraises itself
Admirable, indeed, that the birds were protected
Shouldn't such protection exist for us as well?

Friends

To my own heart within, I posed a question –
what became of friendship, loyalty and compassion?
My heart answered that in this world
Are found three kinds of friends
Oh heart, I know you listen – do tell me of these three!
And after his own manner, he answered
They are those with the skill to flatter
there are those that need bread
and there are those who are true
To the hungry who wish to fill their stomachs avail yourself not
give them bread and sustain them properly, then set them free
To those who would offer admiring words and receive them in kind
Treat them likewise – trade compliment for compliment
But to those who are eternally betrothed in friendship, I beg you!
In the name of forgotten love,
in the name of kindness and affection
in the name of all the holy books
if ever you find the truth of an abiding and loving friendship
be truer in return and hold them dear for your lifetime

The Masts

The sailboats' masts aligned the lake's shore
like a forest of dry trees – leafless yet proud
wooden figureheads piercing the high sky
they stood calm and still
yet all feared the lake's wrath
of thunder and hail
that birds would forewarn by shrill cries and beating wings
The calm passed
the tempest approached the shore
and all masts in the darkness of night
were seized by rain, hail, lightening
waves crest over their defenseless masts
within moments, straight soldiers had fallen away
in the calm aftermath
they complained to the wind
of their swift demise
blame was cast on the storm's furies
thunder, lightening, wind and hail
One fractured limb, hanging limp across the deck
spoke aloud to the others:
Do not complain to the wind and clouds –
Nor the lightening or waves –
This act was the will of God –

16

The Masts...

God was angry!
What could we have done?
For He is our Creator!
Years ago we were fresh, vibrant saplings, yearning with life to reach
the sky-
Yet we were cut at the trunk and stripped of our bark,
Our knots sanded round and shaped into masts
The people who crafted us thought themselves our keepers
By transforming our shape to give their vessels motion
But our Creator transformed us...still one more time...
and shall again

The Slaves of Arabia

These Arab men, how they hold their heads high
With superior views of their cloaked women –
Clad in fabric from head to toe
An ironic garment shrouds the sins of their male keepers
Who move about as free as birds
their beards, hands and feet exposed to the world – without shame
while innocent girls and wives
hide their hair, faces and eyes
The man decrees that if the woman fails to follow like a slave
Beatings are
permitted
Should women broach these odious traditions
entry into the matrimonial bed is
forbidden
They claim these laws as Koranic verse
but search and know the truth is otherwise
The zealots have yielded to fanatic wordplay upon the Holy Book
To affirm their chauvinism and bigotry
A tragedy for half the Arab world!
How can this have come to pass?

18

An Innocent Girl

My dear child of eighteen, I am the witness
A mirage it seemed...a...
Bullet
head and heart struck
Rivers of blood coursed your fine shape
Longing...my tears
fell
You asked us to forgive
When they led you to prison
Though I had instructed you -
You are young – be wary of politics!
I recited my nightmare
Of a revolution
Spinning
on twisted wheels
you could not grasp it
you left and were captured
imprisoned by your own ignorance
lost in our searching
the book of love fell, it's pages
scattered
nests ruined and flowers

An Innocent Girl...

Crushed!
didn't you fathom the enemy's weapon?
that you sacrificed self and
body...
In the first month of your concealment
Worry was my shadow
Lost
as to your fate
I asked without response
no one could find you
or sense my very humanity
or speak of your dark prison corner
The night they placed you before rifles
I remember well – to kill
You!
in the black of night
This is my memory
That no one believes...
My dear daughter - the memory of love - an
Echo
within me - My dear Daughter
freedom's martyr!
 Sacrifice for the nation's flag.

The Butcher

Awake, Butcher!
Killing people is not an art!
Torturing the innocent with your dagger
is not the work of a human
To steal life from hundreds
and send them into eternity
You have witnessed trees felled by axes
but do you see the blood on the axes?

You will eventually fall from your highness
the peoples' cries will not remain unheard
he whom you killed was a father or son
do you believe that more will not be born?

Everyone seeks compassion
But the stone that beats within the none believers
Is left unstirred by
the screams of fathers, sons and friends

You! Spiritual leader!
Why don't you behold God?
Will He allow you to behold him?

The Butcher...

Don't you know that torture and killing are followed hard upon by torture and killing?
That each revolution bears witness
to yet another uprising?

You shamelessly murdered an innocent girl
Oh Butcher!
A mere 14 years old!
A deed worse than this you could not commit.

A grieving nation cannot endure your actions
They say: "Let him fall as the dead tree falls!"
No allies remain to support your ill advice

Oh, Butcher!
Though you wash the blood from your hands
God will not accept your repentance!
A day will come when the hanging rope will entwine your neck!

Old Age

From somber dark clouds snow descended
your hair turned ashen and grey
in your final years, endurance was a loan from God
He took it from you and, in that deed, he took your youth

The frailty of your legs and your sad nostalgia
Were His doing -
He made you age and put the fire in your life
Your former height - like an arrow – He bent and bowed
Your vision a lost sense
your hearing a fugitive from the voices of comrades
soaring on wings, ever higher and higher – no more...

He let fall the snow
And your hair turned ashen and grey
Like the flag of old age
a mast to your ship
your hands tremble and you fall ill
your guitar a lost pleasure, music falls still

Old Age...

though flowers bring forth the aroma of life
and blossoms everywhere in splendor do spread
your petals are fettered, their edges dry
their message of perish a clear display
that your youth and your love vanish away
your vigor and love drown in vast seas
pass into the depths of the greatest mirage

Oh my dear God, how youth fast disappeared!
For what reason, I ask, this ebb and this flow?

The Temper Within

Seduced by your trap I grew accustomed to you
And placed my innocent heart in your cold palm
My heart - friendless and without defense
Knowingly, yet unwittingly, wished to join you
Perhaps your heart would understand mine, I hoped
Perhaps your mercy might soothe my grief
Instead, your words, like sharp stones, cracked the vase of my heart
My pride fell into temptation's stream
I cannot usher the distant water's return
I will never understand your idea of fidelity
Or the pain and the wounds you inflicted
You complained about my temper
Like a rough comb, your complaints split each strand of my hair
I left and was wordless
Perhaps what befell you was fitting
Don't deny, my friend, your sin on that longest of winter nights
You will never be able to hide that sin
beneath soft blankets

The Devious

It is time to walk the path to my beloved...
I make a quick turn in the direction of the wine salon
I do not protest the schemers or complain about the religious
With a loud prayer, I seek the heart of the people!

Put your head in my lap
So I can brush your hair
From dusk to dawn
You claimed to be loving, affectionate and generous
And so I bring my complaint to you

I left you with the purveyor of wines
So how can you safeguard my heart?
And as for the betrayal of the people of the world
I can only complain to the rim of my goblet

A friend is not one who knows the prayer of my heart
A friend is one who prays at dawn for me

I wish to recognize the path of God someday
I pray with all of the 100 beads of my rosary

The Devious...

I didn't listen to the words of my enemies
But whatever my friend asked, I will do with my own mad heart

I am a slave of my heart
Ill, with a glass of wine in my hand
When can I talk of spirituality?
I, who teach kindness and love to all?

How can I begin to tell the tale of sadness and sorrow?
The story of lush gardens and fine flowers...
The ardor of nightingales and perfumed candles...

I know all of those stories but still...
I follow the butterfly who pays no heed to the flame

Loss of Years

My eyes were fixed on past sweet loves
In sadness I purveyed the flowing years
Life – fleeting yet still
My eyes gazed upon the flowers of the garden

If I recite the memories of my past
They rest upon the pillars of faith
A pity that youth came and went
Spent amid books and writings
To the Books - I curse!

My work was heavy
And I, like a millstone
My knowledge legendary and world renowned
The reports claimed my wisdom was golden
For years I taught the art of medicine
To gently alleviate the pain of my patients

My life was well managed and well lived
My work praised and admired by peers
Kindness, Charity, Justice and Equality

Loss of Years...

I regarded these virtues as highly
as the Star of Parvin

Yet my eyes wept tears of blood
Any appreciation for my work
Rang like the prayer's Amen...

Sorrow that from my life, there is little left
My life now consists of memories
Of sadness and trials

We leave the world without knowing
If the girl's hair was raven and wavy
Embrace love and affection
Sing their melody!
Alas, the sacrament of living is thus

The Suffering

Amidst the wealth and sustenance of the world
I have experienced trials and deprivations
With a glass of woe and the bitter taste of wine
The long lives of my friends have tapered
In my short life, I have endured many sagas

The gardener does not prune the blossom
At the entrance to the garden of Sheba.
Yet, I am a broken branch
The fountain of youth – where could it take me?
Like a bubble, riding the stream- I am pure essence

Tired and sad, night and day
behind in my work – what am I doing?
Like the old, I have become bent
The enemy tried to ensnare me again
But I, like an injured bird - flew from his roof

Day and night, I dwell in the valley
Like a wild horse, running to and fro

The Suffering...

Look at my days and my nights
And witness but ailments and troubles
Only God knows what I endured
I am the book of secrets...I am a broken script.
I am the story of the secret of being -
on every page ascribed.

He made our nights darker because he lied to us!

Lest I was like the light of dawn
You hard hearted man, why hide the secret?!
In the heart of the world, this secret has never been uttered

In this world, nobody knows fate
I yearn to hear truth and feel love - not lies
Like a sentry spider
I would thread my country in silk wrapping
And protect her borders from enemies
Hoping someday for freedom

Doesn't my face tell you so?
To attain this desire, we will do anything!
Isn't the cage a place that beckoned - like an immigrant?
Unfortunately, never have I beheld this world without a cage

The Deceivers

Though you kneel vainly at the alter of God
God will not accept you
In His supreme domain
The prostrations of the holy - if impure
Serve what purpose for God?
The galaxies and heavens were not created by guile
The seven skies were not raised under pretense
God is forever aware
Of the sly scheming of some
He is the judge of all humans
in this world and the next
Do not blame the galaxy of God
the darkness of your despair
You cannot flee from worldly duplicity
You have heard that God is kind and compassionate
You have heard that God is most merciful
But for the fraudulent man
God awaits with torment, ire and torture
Why are you trying to deceive God, my brother?
Remove the holy attire from your body,
If I do not wear these garments, can you guess why?
Because I believe God to be eternal
and my prayers do not cease

Our Wandering

Before that day of wandering commenced
Our home lay among the Angels
Not like an unkempt stable where Arabian horses run
But the pristine home of Cyrus, Gobad, and Tabari

The bodies of the martyrs filled the streets and the bazaar
Their blood shed by the hunter
The screams of those dearly lost made the galaxy of God tremble
Why then did God's firmament seem blind to the terror?
As if unaware of the burning homes and searing hearts?

Not long ago, this was the home of the glorious quails
In those tranquil days, the almonds of your eyes
the honey of your lips
broke my fast
And made my midnight sahar delightfully sweet

Since the nest fell asunder in ruin and waste
The only course for the desperate was to wander the world
The portraits of the evil were drawn on walls in the homeland's
streets
On that day – why could no one foresee what would happen to our
house?

Ashes of Sorrow

The turning world churned the fires of my heart into ashes
The secret of my loneliness was hidden under my night bed
When a beautiful face or desire appeared
Or a new temptation pulsed in my heart
The last kisses of love dried on my lips

The first request of my heart became the last desire of my heart
My soul burned from the plight of life
I stood at further and further remove
from the salons and winemakers

A hammer came down hard upon my feet
The basket of my heart's petals overturned
Wherever I sought my fortune, no one lent aid
I traveled through many cities
I read myriad stories of the lover Majnoon

Whatever happened to me was God's will
God wished for me to remain a secret from the world
And through my entire life
He ordered love to burn me
and it did.

The Broken Stem

Like the sighs and cries of a tired orphan
Like a lighted lamp along the broken road
I am like the pigeon chased from the eaves of the building
Such troubles I encountered when I fled from that cage!

Under the gaze of the elderly woman, I am a dusting of white hair
Wherever I flew, I could not find the seeds of renewal
Like a bird escaped from a trap
I could not see in the garden at night
Like a magician whose eyes are closed during his act
I searched all the gardens but could not locate any new blossoms or plants

I am like the flower whose stem is cut
Where can I turn, who can I ask to cure me?
I have only the short life of the seed...

Ask not the nightingale to describe the beauty of the garden
Ask the flower instead -
For the nightingale is silent and his wings are bound tight

The Dark Dream

Last night in a dark dream -
At the side of my patient's bed
Your cries, your complaints, your tears and your sighs
Were present as if I were awake
It was you who were my patient...

You wept dreamily and asked for forgiveness
I held your body in my arms but it was hot from fever
You asked me to forgive you for all of your reckless deeds
But what I read in your eyes was a book of denial

Since you broke my heart, I lost my head and soul
When you burned my heart, your malice seemed certain
I begged the Queen of Sheba to carry my message to you -
But her promise, too, was empty.

When I awoke in the morning, you were not beside me
And my dream proved true -you were in another's bed.
I sought you out -
And found you hidden in a circle of drunken sinners

Unfaithful and undeserving lover! Return to your den of thieves!
Pain has been my companion far too long.

Why?

What should I do?
My country has become a fiction, a relic.
Who should I tell?
The sovereign nest has been cast down.

My homeland endures poverty and strife with every passing day
Hearts bleed crimson cups of wine
Freedom's bounty has run dry – why?

In its place cruelty and madness reign
daggers stab at the souls of the people
While the clergy finger their beads and pray
Neither solution nor escape appear likely
The butterfly's wings burn on and on

Pollution, fatigue, illness and despair
are now the resources of my nation
the police impotent to guard body and soul
the streets a sowing ground for corruption

Conceived from the lust for oil
The God of my country has been supplanted
by foreign corporations, with foreign interests

England

If your travels should take you through England, beware!
If your work must occur in England, keep your head low!
Since the destiny of Iran is perpetually decided on English soil
I implore you - be wary of your enemies and think of your mother
country –
Iran!

For centuries this leach of nations has sucked her lifeblood
Under Britain's sword, even the bravest hunter loses nerve
The course of my country lies in her hands and those of her
mercenaries
So that our black gold can drain into their coffers

Thousands of mullahs, rabbis and clergymen comprise Britain's
faithful friends
Please, countrymen! Observe this reality and be wary of the ways of
thieves!
For why did Iran become sick? And why did she never reawaken?
You Iranian brothers and sisters – I beseech you – steer clear of
their treachery!

England...

Their recurring excuses employ
mosques, minarets, and God's sacred words
But I swear to God that these are English Gods -
Do not be deceived by what England may say

From this day forward
be like the thorn of Egypt's Moghillon desert
A sharp obstacle in their ungodly path.

The Earthly Sky

I found myself sitting atop the lofty clouds
Having fled from a trap with wings disfigured
Beneath the Moon and Mars, beneath the earthly sky
I was a weakened convict
Though I'd escaped my captors

On the wings of this airborne invention
Starlight shimmered as light glistens on water
The clouds billowed like piles of snow
In the rays of the sun, I beheld the exquisite world

I know not why in the midst of those clouds
Visions appeared in the shapes of traps, of chains, of legs bound
Though in the waters of the seas or the light of the sky
I would glimpse an image of love

I drifted on the air, far above the earth and its people
Concealed in the heart of this windborne seed
In flight from my country, ruins in the wake of the hunter's scourge
If further desires could be expressed from within that cage
You killed them, shattering any promise for my homecoming

My Head Bowed in Prayer

In order to have you – my head touched the ground in prayer
My heart - for yours - gave up all within its bounds
Once was youth - once was purity
Once was love and once was joy

Youth fled and then you parted - how soon things passed on
The dark night of my loss enveloped my face
like the shadows cast by your onyx locks
The dark night spread smoke across my eyes

My heart heard the cries from the heaves beneath my chest
The sound of song draped the echo of my lament
My desire, my hope, died in an anthem of tears
You parted, leaving my home open to grief

For profit or loss
I dare not ask what your God did to my heart
Though I always send a greeting to God
My delicate flirtations are now a trifling remembrance

My Head Bowed in Prayer...

In that time of ardor, many streams yearned for the river
You did not gaze upon my sorrow or measure my heartache
But struck at my innocence and bruised my soft cheek

Your gaze no longer penetrates my heart
The stinging arrows that your eyes send forth are rejected
For they already wove a tight braid around my heart

From Genesis

From the first day of creation, the One made clay live and breathe
He was the Creator of Adam and Eve and gifted them their souls
He gave Eve willpower and endurance
He gave Adam myriad unspoken words

In the heart of humanity, He placed the notion of evil
He put little kindness and love into the mold
He told the master to ensnare the slave
He told the slave to rise up against master

He allowed filth and pollution to spoil the waters
Though He also sent pure rain from the sky
He told the wind to rise up and sweep homes away
He kindled the fire to burn home and land

He instructed love to burn
He made love vanish from the heart
He introduced disunion into the world

All you see in this world and this galaxy are His doing
Everyone was created human
All for his prosperity and most for his adversity

Ganjineh-e-Ramin

Book of Poetry

Copyright © 2005

By
Kazem Fathie. M.D., Ph.D.
F.A.C.S., F.I.C.S.

United States Library of Congress
Copyright Number ISBN

0-9627148-3-x

گنجینه رامین

دیوان اشعار

جلد سوم

پروفسور کاظم فتحی